Siegfried Wenzel

Von wegen Beitritt!

Offene Worte zur deutschen Einheit
Fakten und Zitate

Das Neue Berlin

ISBN 978-3-360-01914-1

© 2008 (2007) Verlag Das Neue Berlin, Berlin
Umschlaggestaltung: www.buchgestalter.net
Druck und Bindung: Druckerei Finidr

Ein Verlagsverzeichnis schicken wir Ihnen gern:
Das Neue Berlin Verlagsgesellschaft mbH
Neue Grünstr. 18, 10179 Berlin
Tel. 01805/30 99 99
(0,14 Euro/Min. aus dem deutschen Festnetz, abweichende Preise für Mobilfunkteilnehmer)

Die Bücher des Verlags Das Neue Berlin
erscheinen in der Eulenspiegel Verlagsgruppe
www.das-neue-berlin.de

Inhaltsverzeichnis

VORWORT

Der Anschluß der DDR an die BRD liegt nunmehr 17 Jahre zurück. Nicht wenig wurde geleistet, zum Beispiel auf dem Gebiet der Infrastruktur, der Städterekonstruktion, der Gewährleistung bestimmter sozialer Standards. Insgesamt ist die Bilanz jedoch verheerend. Nach der Zerstörung der industriellen Grundlagen der DDR durch die Treuhand in weniger als vier Jahren gab es keine Grundlage für den notwendigen selbsttragenden Aufschwung. Die vergleichbare Wirtschaftsleistung pro Kopf der Bevölkerung erreichte erst in den Jahren 2005/2006 die Größenordnung des letzten Jahres der DDR und beträgt gegenwärtig rund 60 Prozent der in den alten Bundesländern. Die Arbeitslosigkeit ist seit mehr als 16 Jahren nach den offiziellen Angaben doppelt so hoch wie in den alten Bundesländern und im wesentlichen struktureller Natur. Der grundlegende Auftrag des Grundgesetzes, in der Bundesrepublik annähernd gleichwertige Lebensverhältnisse zu gewährleisten, wurde nicht erreicht. Der Anfang der neunziger Jahre noch sichtbare Beginn eines Anpassungsprozesses ist seit Mitte der neunziger Jahre abgerissen. Auf einigen Gebieten ist die Differenz größer geworden. Die Einnahmen einer Durchschnittsfamilie in den neuen Bundesländern liegen um ca. 30 Prozent unter denen in der Altbundesrepublik.

Angesichts dieser Fakten entfaltet sich in der letzten Zeit wiederum eine Diskussion über die Ursachen einer solchen Fehlentwicklung. Das betrifft sowohl die aus der Entwicklung der DDR herrührenden Belastungen, als auch die Fehler des Anschlußprozesses sowie die jetzt einzuschlagenden Wege. Ein Hauptmangel besteht dabei offensichtlich in der Einseitgkeit, der ungenügenden Differenzierung und dem geschichtsvergessenen Ausblenden der objektiven historischen Zusammenhänge bis zur Verabsolutierung von Halbwahrheiten und offensichtlichen Geschichtsklitterungen.

Die im Nachfolgenden ausgewälten Fakten und Zitate sollen die vorhandene, mehr oder weniger qualifizierte Literatur zu diesem Thema nicht erweitern. Es geht nicht um Nostalgie und Schönreden. Durch die Erinnerung an wichtige Erkenntnisse, Einschätzungen und Mahnungen überwiegend westdeutscher Persönlichkeiten, wissenschaftlicher Einrichtungen und Institutionen zu bisher vernachlässigten Fakten bei der Verwirklichung der deutschen Einheit soll dazu beigetragen werden, Leerstellen, bewußt oder unbewußt offengelassene weiße Flecken auszufüllen sowie offensichtliche Verdrehungen und Lügen deutlich zu machen. Die Auswahl der Fakten und Zitate ist nicht auf Vollständigkeit angelegt. Es geht darum, bestimmte Aspekte und Zusammenhänge deutlich zu machen, um Ursachen der Fehlentwicklungen besser zu erkennen und notwendige Schlußfolgerungen zu ziehen.

TEIL 1
GRUNDSÄTZLICHES

I. Zu den historischen Voraussetzungen und Bedingungen der Entwicklung der beiden deutschen Staaten

F. J. Strauß, CSU-Politiker, Bundesminister u. a. für Verteidigung und Finanzen, bayrischer Ministerpräsident, in seinem Buch „Die Erinnerungen":

„Wir müssen eine systematische Politik der nichtkriegerischen Machtmaximierung betreiben, indem wir eine Spitzenstellung in Wissenschaft und Technik sowie in der Wirtschaft anstreben und dadurch unser Gewicht als Bundesgenossen des Westens und als Partner des Ostens verstärken. Wenn eine solche Entwicklung parallel läuft zu einer Liberalisierung und Demokratisierung im Bereich des Warschauer Paktes, dann könnten diese beiden Wege eines Tages aufeinander treffen. Wir werden das nicht mehr erleben, auch die nächste Politikergeneration wird es wohl nicht erleben, aber diese Entwicklung kommt. ...

Überlegungen über eine Alternative zur Westbindung der Bundesrepublik sind Visionen und Utopien, die eines fernen Tages jedoch Wirklichkeit werden könnten – ob noch in diesen Jahrhundert, ist denkbar unwahrscheinlich. ...

Bei allen Beratungen über den Deutschlandvertrag war von vornherein klar, daß dies kein Friedensvertrag sein konnte und durfte. ... Wenn wir einen Friedensvertrag schließen, dann verlangt man von uns Reparationen. ... Angesichts dessen, was durch deutsche Kriegshandlungen und deutsche Kriegspolitik an Schäden entstanden

10

war, hätten Reparationen den wirtschaftlichen Aufstieg der Bundesrepublik Deutschland um Jahre zurückgeworfen, ja unmöglich gemacht. ...

Die Menschen drüben wollen nicht die armen Verwandten sein, nicht die ‚underdogs' der Nation, die Ausgestoßenen."[1]

In den Einschätzungen von F. J. Strauß bündeln sich wie in einem Fokus Grundfragen und Probleme der Nachkriegsentwicklung Deutschlands, der Entwicklung der beiden deutschen Teilstaaten und des Anschlusses der DDR an die BRD.

Die Wirtschaftsgeschichte der DDR wird in den Medien und der offiziellen Politik sowie einem Teil der ökonomischen und politischen Wissenschaft als das vollständige Scheitern und die Untauglichkeit des im zwanzigsten Jahrhundert unternommenen Versuchs der Schaffung einer alternativen, einer sozialistischen Gesellschafts- und Wirtschaftsordnung dargestellt. Diese Sichtweise beherrscht nun schon siebzehn Jahre lang sowohl als globale Behauptung als auch tagtäglich mit Hunderten angeblich überzeugenden Einzelbeispielen die Medienlandschaft und die öffentliche Kommunikation.

Das sei der Grund für die seit dem Anschluß der DDR an die BRD bisher geleistete und noch weiter notwendige milliardenschwere Ostförderung, eine „Erblast des kommunistischen Regimes", die den reicheren Ländern über den Finanzausgleich und andere Zahlungen einen

Teil der von ihnen erarbeiteten wirtschaftlichen Leistung entzöge. Die ohnehin bis 2019 zurückgehenden Solidarmittel müßten weiter gekürzt, die Zahlungen früher eingestellt werden. In diesen Tagen sprach ein Politiker der FDP wieder aus, was als Unterton in vielfachen Varianten eine unüberhörbare Rolle spielt: Die Ostdeutschen sollen sich „in Demut und Bescheidenheit üben".

Das Zitat von F. J. Strauß, einem Exponenten der westdeutschen Elite, das eine in vielerlei Hinsicht wirkende Grundfrage der deutschen Nachkriegsentwicklung, in West wie in Ost – allerdings in völlig entgegengesetzter Richtung – berührt, fordert zu folgenden Überlegungen heraus:

Hätte die BRD den auf sie entfallenden Teil der Reparationen an die Sowjetunion aufbringen müssen, hätte dies – so Strauß – den „wirtschaftlichen Aufstieg der Bundesrepublik um Jahre zurückgeworfen, ja unmöglich gemacht". Um dem zu entgehen war man sogar bereit, den Abschluß eines Friedensvertrages zu verhindern. Daß dafür die Ostdeutschen im wahrsten Sinne des Wortes zur Ader gelassen wurden, war vielleicht nicht das vorrangige Ziel dieser Politik; aber die äußeren, machtpolitischen Verhältnisse führten zwangsläufig zu diesem Ergebnis. Die Sowjetunion entnahm dem von ihr besetzten Teil Deutschlands – weniger als einem Drittel des ehemaligen Deutschen Reiches – nicht nur die auf der Potsdamer Konferenz genannten 10 Mrd. US-Dollar, sondern insgesamt 15 Mrd. US-Dollar. Wie Experten feststellten, waren das die größten, im 20. Jahrhundert bekanntgewordenen Kriegs-kontributionen.

Im Handbuch „Deutsche Zeitgeschichte von 1945 bis 2000" wird festgestellt: „In den Westzonen gingen von 1945 bis 1948 etwa 3 Prozent der industriellen Kapa-zitäten von 1944 durch Demontagen verloren, in der SBZ dagegen 30 Prozent. Rechnet man den Demonta-geverlusten die Kriegsschäden und den Verschleiß hinzu, verblieben der ostdeutschen Wirtschaft 1948 kaum 50 Prozent der Kapazitäten des Jahres 1944." Angesichts dessen drängt sich die Frage auf, ob die DDR unter Berücksichtigung auch der übrigen äußeren Faktoren überhaupt jemals die Chance einer normalen eigenständigen Entwicklung gehabt hat.

Auf die DDR wirkte aber von 1945 bis 1953 nicht nur der auf sie entfallende Anteil, der allein schon kein Wirt-schaftswunder und keine günstige Wirtschaftsentwick-lung zugelassen hätte; sie mußte zusätzlich die ungeheu-re Last des Zweidrittelanteils der westdeutschen Brüder und Schwestern übernehmen. Daß es unter diesen Be-dingungen eine zwar beträchtlich hinter dem Niveau der drittstärksten ökonomischen Weltmacht zurückblei-bende, aber überhaupt eine weltweit anerkannte Ent-wicklung und beachtenswerte Leistungen z. B. bei der Verwirklichung der Vollbeschäftigung, auf den Gebieten der Kinderbetreuung, der Bildung, des Gesundheitswe-sens sowie ein funktionierendes soziales Netz gegeben hat, ist schon für sich genommen ein Wirtschaftswunder, wie Politiker und Wissenschaftler, darunter der bekann-te Sebastian Haffner, festgestellt haben.

13

In diesem Zusammenhang ist es ist legitim und berechtigt, den Straußschen Gedanken in Form eines Alternativschlusses weiterzuführen: Welche ökonomische Entwicklung hätte die DDR trotz aller Mängel und Fehler, die beim Aufbau einer alternativen Gesellschaftsordnung wahrscheinlich nirgendwo zu vermeiden sind, nehmen können, wenn sie die ungeheure Last der westdeutschen Reparationen nicht hätte tragen müssen? Wie würde der Ost-West-Vergleich bei einer solchen, durchaus möglichen Entwicklung der Geschichte aussehen? Übrigens ist das auch ein Beitrag zur Diskussion über die mögliche Leistungsfähigkeit der beiden grundsätzlich unterschiedlichen wirtschaftlichen Systeme unter extremen Bedingungen, was z. B. auch die Verwirklichung des Fünfhundert-Tage-Programms zur Durchsetzung der Marktwirtschaft in Rußland gezeigt hat: Nach neuesten Zählungen gibt es 50 Milliardäre allein in Rußland und gleichzeitig weitreichende soziale Verwerfungen für einen Großteil der Bevölkerung.

Es ist richtig, daß der Faktor der Reparationen nicht allein die Probleme insbesondere der Transferzahlungen von West nach Ost begründet und erklärt. Der zweite grundlegende und nachhaltig wirkende Faktor besteht offensichtlich in den gewählten Formen und Methoden des ökonomischen Anschlusses der DDR an die BRD, in dem Irrglauben, daß der Markt schon alles auf effektivste Weise regeln werde. Die Verwirklichung dieser Prinzipien hat den bis dahin bestehenden und mehr oder weniger funktionierenden inneren und äußeren Absatzmarkt der DDR-Betriebe völlig den konkur-

14

rierenden, sich in einer Rezession befindlichen westdeutschen Unternehmungen ausgeliefert und damit in
weniger als vier Jahren die Grundlage einer selbsttragenden wirtschaftlichen Entwicklung im angeschlos-
senen Gebiet zerstört.

Unabhängig von der Streitfrage, ob es zu diesem Weg
des Anschlusses eine reale Alternative gegeben hat –
wie die öffentlich geäußerten Standpunkte solcher Persönlichkeiten wie des Bundesbankpräsidenten Pöhl, des
Mitglieds des Sachverständigenrates der Bundesregierung Rüdiger Pohl, des ehemaligen Wirtschafts- und
Finanzministers Karl Schiller und die schrittweise Öff-
nung der Märkte in den meisten ehemaligen RGW-
Länder belegen –, sind die Probleme des Anschlusses
eindeutig objektiver, äußerer Natur, auf die die Ost-
deutschen kaum Einfluß hatten.

Die Straußsche, historisch und volkswirtschaftlich-öko-
nomisch begründete Einschätzung der entscheidenden
äußeren Bedingungen macht in seltener Klarheit deutlich: Die bisher erfolgten und auch weiterhin notwendigen Transferzahlungen von West nach Ost sind keine
Geschenke, keine Alimente. Auch der Begriff Solidar-
beitrag ist eigentlich nicht sachgerecht. Abgesehen
davon, daß auch die Ostdeutschen an der Bildung
dieses Fonds beteiligt sind, ist es nicht ein Beitrag zur
Beherrschung selbstverschuldeter Probleme der Ostdeutschen, sondern ein längst fälliger Ausgleich für ein
„Unglück der Geschichte, das die Ostdeutschen betroffen hat", wie der damalige Bundespräsident Roman
Herzog in seiner Antrittserklärung formulierte. Es han-

delt sich um die Zahlung einer Reparations-Ausgleichs-Schuld, wie der Bremer Wissenschaftler Prof. Peters und 54 weitere Professoren in einem „Aufruf an die Regierung der Bundesrepublik Deutschland" im November 1989 öffentlich forderten. Wenn gegenwärtig erneut verlangt wird, alle Osthilfen „auf den Prüfstand zu stellen", wenn verantwortlichen Politikern, darunter auch solchen aus dem Osten, leichtfertig über die Lippen geht, daß der Aufbau Ost noch mindestens 20 Jahre dauern wird, bis annähernd gleiche Lebensverhältnisse hergestellt sind, dann bedeutet das, daß man die Ostdeutschen nach 50 Jahren abgeschnürter Entwicklung, Kaltem Krieg, Abtragung der Reparationslast Gesamtdeutschlands noch weitere 20 Jahre für die Kriegsfolgen büßen lassen will. Diesmal sind es aber nicht historische, machtpolitische äußere Bedingungen. Es sind vor allem Nachwirkungen und damit offene Rechnungen aus dem Zweiten Weltkrieg und dem gewählten Weg des Anschlusses, der sicherlich bestimmten Zwängen unterworfen war. Das sollte man öffentlich aussprechen und nicht mit einem ungeheuren Propaganda- und Medienaufwand vertuschen und verdrängen.

Wenn die Frage gestellt wird, wie lange und in welchem Umfang die West-Ost-Transfers als Abtragung einer längst fälligen Schuld der Westdeutschen gerechtfertigt und notwendig sind, dann kann die Antwort nur lauten: solange die gleichen Lebensbedingungen nicht erreicht sind. Die beiden Teile Deutschlands gingen in den Zweiten Weltkrieg bei etwa gleichen Lebensbedingungen; die Auswirkungen des verbrecherischen Hitler-

16

krieges müssen gerechterweise von allen Deutschen getragen werden. Erst wenn dieses Gebot erfüllt ist, kann der Zweite Weltkrieg im eigentlichen Sinne als abgeschlossen gelten.

Die Ostdeutschen haben durch das Ertragen dieser historischen Ungerechtigkeiten über mehr als zwei Generationen durch Konsumverzicht und Wachstumsverlust große Vorleistungen erbracht und damit nicht unwesentlich zur günstigen ökonomischen Entwicklung, zum Wirtschaftswunder und zum heutigen anerkannten Wohlstand der Westdeutschen beigetragen. Dafür sollten sie nicht auch noch die nächsten zwanzig Jahre bestraft werden. Es war der langjährige Hamburger Bürgermeister und einer der Hauptberater der Treuhand, K. v. Dohnanyi, der 1992 auf einer Beratung führender Manager und Politiker die ahnungsvolle Feststellung traf: „Es geht nicht, daß der östliche Teil Deutschlands, der den Krieg bezahlt hat, auch noch den Frieden bezahlen muß."

II. Zur Geschichte der deutschen Teilung

20. 6. 1948:   Währungsreform in den westlichen
                Besatzungszonen
23. 6. 1948:   Währungsreform in der sowjetischen
                Besatzungszone

*H. Pötzsch, Abteilungsleiter in der Bundeszentrale für
politische Bildung, Buchautor, Bonn:*
„Die Grundzüge der Währungsreform waren von den
Amerikanern ausgearbeitet worden, in Amerika war
auch das neue Geld gedruckt worden.
Offenbar kam der Zeitpunkt der Währungsumstellung
für sie (die Behörden der sowjetisch besetzten Zone)
überraschend, denn es waren keine neuen Banknoten
vorhanden. Statt dessen mußten die Reichsmarkschei-
ne mit schnell gedruckten Coupons beklebt werden,
Spaßvögel tauften das Geld ,Tapetenmark'."[2]

7. 9. 1949:   Konstituierung des Bundestages
                der BRD
7. 10. 1949:   Gründung der DDR

Damit war neben der ökonomischen auch die staatliche
und territoriale Teilung vollzogen.

9. 5. 1955:   Beitritt der Bundesrepublik in die
NATO (Militärorganisation der führenden westlichen Industriestaaten Euro-
pas, der USA und Kanadas)

Die diplomatischen und juristischen Voraussetzungen
für den Beitritt der BRD in die NATO wurden durch
den Abschluß der Pariser Verträge am 4. Mai 1955 geschaffen.

14. 5. 1955:   Abschluß des Warschauer Vertrages,
Gründung der Militärorganisation der
Warschauer Vertragsstaaten, zu
denen auch die DDR gehörte

H. Pötzsch:
„Ein letzter Versuch auf deutscher Seite, der drohenden
Spaltung entgegenzuwirken, war von vornherein ohne
Chance. Der bayrische Ministerpräsident Hans Erhard
(CSU) lud die Ministerpräsidenten der Länder, die
höchste deutsche politische Ebene, für den 7. Juni
1947 zu einer Konferenz nach München ein, ,um ein
weiteres Abgleiten des deutschen Volkes in ein ret-
tungsloses wirtschaftliches und politisches Chaos zu
verhindern'.
Die Westmächte hatten an solchen gesamtdeutschen
Aktivitäten kein Interesse, die Franzosen verboten
,ihren' Ministerpräsidenten unverblümt, über politische
Fragen zu sprechen, nur wirtschaftliche Probleme durf-

19

ten diskutiert werden. Auch auf deutscher Seite gab es Widerstände. Die SPD-Führung bestritt den Ministerpräsidenten das Recht, über die künftige politische Struktur Deutschlands zu verhandeln, das sei Sache der Parteien. Schumacher legte die Ministerpräsidenten der britischen Zone darauf fest, nur über wirtschaftliche Probleme zu sprechen.

In der sowjetischen Zone war Ulbricht gegen das Treffen, eine Mehrheit im ZK der SED stimmte jedoch für die Teilnahme. Daraufhin setzte Ulbricht durch, daß die Ministerpräsidenten aus der SBZ den Antrag stellen sollten, als Punkt 1 der Tagesordnung zu behandeln: ,Bildung einer deutschen Zentralverwaltung ... zur Schaffung eines deutschen Einheitsstaates'. Es war klar, daß die Westdeutschen nicht zustimmen konnten. Die Formel vom Einheitsstaat widersprach der Instruktion der Besatzungsmächte und auch ihrem föderalistischen Selbstverständnis. Weisungsgemäß verließen daraufhin die Ministerpräsidenten der SBZ die Konferenz in der Nacht zum 7. Juni, noch bevor sie offiziell begonnen hatte. Beide Seiten verfügten nicht über den Handlungsspielraum, der einen Kompromiß ermöglicht hätte. Die Spaltung war auf beiden Seiten längst im Gange."[3]

Zur Sowjetnote vom 10. März 1952

H. Pötzsch:

„Während die Sowjetregierung im Laufe des Jahres 1950 kein Interesse an einer Debatte über die Wiedervereinigung erkennen ließ, änderte sich diese Haltung, als die deutsche Wiederbewaffnung in den Bereich des Wahrscheinlichen zu rücken begann.

Im November 1950 richtete DDR-Ministerpräsident Grotewohl einen Brief an Bundeskanzler Adenauer, in dem er die Bildung eines paritätisch besetzten ‚Gesamtdeutschen Konstituierenden Rates‘ vorschlug. Damit begann eine Propagandakampagne der SED, die mit der Parole ‚Deutsche an einen Tisch‘ arbeitete.

Die Bundesregierung und alle im Bundestag vertretenen Parteien (außer den Kommunisten) forderten dagegen freie Wahlen als ersten Schritt zur Bildung eines demokratischen Gesamtdeutschlands. ...

Nun schaltete sich die Sowjetunion direkt ein und richtete am 10. März 1952 eine Note an die drei Westmächte, in der der unverzügliche Abschluß eines Friedensvertrages unter Beteiligung einer gesamtdeutschen Regierung vorgeschlagen wurde. Über die Bildung dieser Regierung wurde nichts gesagt. Deutschland solle als ‚einheitlicher Staat‘ wiederhergestellt werden und sich als ‚unabhängiger, demokratischer, friedliebender Staat‘ entwickeln können. Die ‚demokratischen Parteien und Organisationen‘ sollten sich frei betätigen können, ‚Organisationen, die der Sache der Demokratie und der Erhaltung des Friedens feindlich sind‘, sollten nicht mehr erlaubt sein. Deutschland sollte sich keinerlei Bündnissen anschließen dürfen, also ,neutralisiert' werden, es sollte ,eigene nationale Streitkräfte' in begrenztem Umfang unterhalten dürfen. ...

Die Note enthielt das weitestgehende Angebot, das die Sowjetunion zur Wiedervereinigung gemacht hat."[4]

Zur Hallsteindoktrin

H. Pötzsch:

„Die Sowjetunion war ... das einzige Land, das diplomatische Beziehungen zu beiden deutschen Staaten unterhielt. Der Anspruch der Bundesrepublik, allein für das deutsche Volk zu sprechen, war damit in Frage gestellt. ... Die Bundesregierung verkündete daher, daß sie die Anerkennung der DDR als ,einen gegen die Lebensinteressen des deutschen Volkes gerichteten unfreundlichen Akt' ansehen werde. Diese Maxime wurde ,Hallstein-Doktrin' genannt. ... Mit ihr schaffte es die Bundesrepublik dank ihres politischen und wirtschaftlichen Gewichts, die internationale Anerkennung der DDR fast zwei Jahrzehnte zu verhindern."[5]

Zum 17. Juni 1953

Aus einem Bericht des „Neuen Vorwärts", Organ der Sozialdemokratischen Partei Deutschlands, vom 17. September 1953:

„Eine besondere Rolle im Widerstandskampf gegen das kommunistische Regime ist dem Ostbüro der SPD zugefallen, das im Mittelpunkt der kommunistischen Diffamierungsversuche steht. Die Wahrheit über die Tätigkeit dieses Büros ist, daß es mit allen, im illegalen Kampf geeignet erscheinenden Mitteln in der Sowjetzone eine entsprechende Aufklärung betreibt und eine aktive Unterstützung für die Widerstandsgruppen in den Hochburgen der deutschen Arbeiterbewegung Sachsen, Thüringen, Sachsen-Anhalt, Mecklenburg und Brandenburg ist. Es soll hier nicht über die Methoden des Kampfes und über spektakuläre Erfolge berichtet werden. Die Tätigkeit des Ostbüros wird von den politischen Richtlinien des Parteivorstandes bestimmt ... Erst wenn das kommunistische Regime der Sowjetzone durch andere politisch wirksam gewordene Faktoren gestürzt werden kann, erst dann wird sich das Ausmaß und der Sinn der illegalen Widerstandsarbeit der Sozialdemokratischen Partei in der Sowjetzone erweisen und bestätigen. Auf diesen Tag wird systematisch hingearbeitet."[6]

Auszüge aus dem Protokoll der Volkspolizei-Inspektion Pankow vom 17. 6. 1953

7.20 Uhr:	Kommissar Breitkreuz, Bergmann Borsig, teilt mit, daß sich die Arbeiter der Bauunion von Bergmann Borsig vor dem Werk versammelt haben und Richtung Strausberger Platz marschieren wollen. Stärke 126 Personen.
8.15 Uhr:	Bauarbeiter des Hufeland-Krankenhauses haben ihre Baustellen verlassen und fahren mit der S-Bahn Richtung Stadt.
9.30 Uhr:	Menschenansammlungen von ca. 40 Personen, worunter sich Provokateure befinden, die die Entfernung von Transparenten über Karl Marx und die Weltfestspiele fordern, andernfalls wollten sie den Betrieb stürmen.
9.35 Uhr:	Betriebsleiter von VHZ Schrott, Granitzstr., meldet, daß Belegschaft den Betrieb verlassen hat. Gen. Eisler und Ebert waren im Betrieb, konnten jedoch die Belegschaft von der Arbeitsniederlegung nicht zurückhalten.
9.45 Uhr:	Versammlung im Betrieb Bergmann Borsig, ca. 2000 Personen. Grundorganisation schaltet sich ein.
9.50 Uhr:	ca. 30 Bahnarbeiter der Baustelle Blankenburg versammeln sich und demonstrieren in Richtung Stadt.

10.00 Uhr: HO Lebensmittel meldet, daß Verkaufs- stelle Granitzstr. von Personen aufgefor- dert wurde, bis 12.00 Uhr zu schließen, andernfalls die Verkaufsstelle demoliert wird. Dieselbe Nachricht erfolgte vom Schloßkrug Berlin-Buch.

10.05 Uhr: Noteinsatzfahrzeug an der Ostsee-/Greifs- walder Str. von randalierenden Arbeitern umgeworfen, Besatzung wurde aufgefor- dert, mit zu demonstrieren. Besatzung konnte sich aus der Lage befreien und mit ruhigen Arbeitern den Wagen wieder auf- stellen.

10.15 Uhr: Die Kreisleitung der SED Pankow teilt mit, daß ca. 6000 Hennigsdorfer Arbeiter nach Berlin unterwegs sind.

11.30 Uhr: Um 11 Uhr 15 wurde gemeldet, daß auch der Omnibusverkehr seit ca. 1 Stunde ein- gestellt ist.

11.35 Uhr: Durchsage Op.-Stab PdVP: Demonstran- ten haben die Fahne vom Brandenburger Tor heruntergerissen und bewegen sich Richtung Marx-Engels-Platz. Es muß ver- hindert werden, daß Demonstranten in die VP-Reviere eindringen. Warnschüsse können abgegeben werden.

11.45 Uhr: BVG teilt mit, daß der Gegner gegenwär- tig mit folgender Parole arbeitet: die Be- völkerung soll sämtliche Lebensmittel in den Geschäften sofort aufkaufen.

12.30 Uhr:	Die Belegschaft von Bergmann Borsig, ca 2000 Mann, bereitet eine Demonstration nach Berlin vor.
13.30 Uhr:	Stützpunkt IV meldet starke Menschenansammlungen vor der Unterkunft. Auf Anordnung des Op-Stabes von B-Kdo I (Bereitschaftskommando d. R.) geräumt. Personen beschädigten anschließend Unterkunft.
13.58 Uhr:	Demonstrationszug von ca. 500 Personen in Schönholz, Germanenstr.
14.05 Uhr:	Konsum-Kiosk in der Wollankstr. vor der Schulzestr. von einer 60 Personen starken Gruppe zerstört.
14.55 Uhr:	Durch Informationen des Gen. Gesche, SED-Kreisleitung Pankow, wird schriftlich mitgeteilt, daß ein großer Teil des BVG-Personals vom Straßenbahnhof Nordend an dem sog. Streik nicht interessiert ist. Einige Provokateure, die Einlaß in den Bhf. finden wollten, wurden zurückgewiesen.
15.10 Uhr:	Demonstrationszug Bergmann Borsig an Rathaus Pankow vorbei, Mühlenstr. Richtung Berlin. Durchgegeben: Schliebener, SED-Kreisleitung. Durch Sprechchöre werden die Arbeiter aufgefordert, mitzudemonstrieren.
15.35 Uhr:	Im Bezirk Blankenburg tauchen vereinzelt Rowdies auf, besonders in den Kleingärten.

16.10 Uhr: Wachgebäude Bergmann Borsig zertrümmert. Ferner bewegen sich Menschengruppen plündernd durch Wilhelmsruh.[7]

E. Bahr in seinem Buch „Zu meiner Zeit":
„Drei Stunden später kam Ewing, aufgeregt, blaß, fast zitternd, und gab zum ersten und letzten Mal einen klaren Befehl: Die Forderungen des Streikkomitees dürften ab sofort nicht mehr gesendet werden. Anordnung des amerikanischen Hochkommissars Conant. Der habe angerufen und gefragt, ob der Rias vielleicht den dritten Weltkrieg beginnen wolle."[8]

Zum 13. August 1961

J. F. Kennedy, amerikanischer Präsident, während der Verhandlungen in Wien im Juni 1961:
„Heute verläuft die gefährdete Grenze der Freiheit quer durch das geteilte Berlin. Wir wollen, daß das so bleibt."[9]

J. W. Fulbright, Sprecher des außenpolitischen Senatsausschusses der USA im Juli 1961 in einem Fernsehinterview:
„Ich verstehe nicht, warum die Ostdeutschen nicht ihre Grenzen schließen, denn ich glaube, daß sie ein Recht haben, sie zu schließen."[10]

27

Der britische Premier H. McMillen am 25. Juni 1961:
„Möglicherweise treiben wir Berlins wegen in ein Un-
glück – entweder in eine schreckliche diplomatische
Niederlage oder in einen Nuklearkrieg."

R. Löwenthal, westdeutscher Journalist, 1974:
„Die Konsequenz der Mauer war die Festigung des sowjetischen Status quo in Mitteleuropa; die Konsequenz
der Raketenkrise war die Festigung der weltpolitischen
Rolle des Westens – einschließlich seiner Position in
Westberlin. Die Wendung zur weltpolitischen Entspannung ... erfolgte auf dieser Grundlage."[11]

E. Bahr in einem Pressebeitrag 2001:
Wenn sich jemand für die Mauer hätte entschuldigen
müssen, dann sei das der damalige sowjetische Staatspräsident Nikita Chruschtschow gewesen. „Der hat sie
angeordnet", sagte Bahr. Es sei „lächerlich", wenn
heute gesagt werde, die Führung der DDR habe den
Bau der Mauer entschieden, „so souverän waren die
nie".[12]

Zum Grundlagenvertrag:

H. Pötzsch:

„... am 21. Dezember 1972 wurde der ‚Vertrag über die Grundlagen der Beziehungen zwischen der Bundesrepublik Deutschland und der Deutschen Demokratischen Republik‘, der ‚Grundlagenvertrag‘ unterzeichnet. Beide Staaten verpflichteten sich, gutnachbarliche Beziehungen auf der Grundlage der Gleichberechtigung zu entwickeln und die Unabhängigkeit und Selbständigkeit des jeweils anderen Staates zu respektieren. Praktische und humanitäre Fragen sollen in Einzelverträgen geregelt werden. Vereinbart wurde der Austausch von Ständigen Vertretern, nicht von Botschaftern, wie von der DDR gewünscht."[13]

III. Zum Grundgesetz, Artikel 146
Geltungsdauer des Grundgesetzes

„Dieses Grundgesetz, das nach Vollendung der Einheit und Freiheit Deutschlands für das gesamte deutsche Volk gilt, verliert seine Gültigkeit an dem Tage, an dem eine Verfassung in Kraft tritt, die von dem deutschen Volke in freier Entscheidung beschlossen worden ist."

TEIL 2

FAKTEN UND ZITATE

ZU UMSTRITTENEN FRAGEN

DER DEUTSCHEN EINHEIT

I. Der 9. November – die Öffnung der Grenzen – die DDR steht zur Disposition

*Aus der „Analyse der ökonomischen Lage der DDR",
vorgelegt im Politbüro der SED im Oktober 1989:*
„Im internationalen Vergleich der Arbeitsproduktivität liegt die DDR gegenwärtig um 40 Prozent hinter der BRD zurück. Im Einsatz des gesellschaftlichen Arbeitsvermögens sowie der zur Verfügung stehenden Ressourcen besteht ein Mißverhältnis zwischen dem gesellschaftlichen Überbau und der Produktionsbasis ...
Die grundsätzlichen gesellschaftlichen Ziele, die für die Zukunft gestellt werden, müssen mit den wirtschaftlichen Möglichkeiten des Landes unter Berücksichtigung der charakterisierten ökonomischen Situation in Übereinstimmung gebracht werden. Es ist eine grundsätzliche Änderung der Wirtschaftspolitik der DDR, verbunden mit einer Wirtschaftsreform erforderlich. Die grundlegende Aufgabe der neuen Wirtschaftspolitik besteht darin, Leistung und Verbrauch wieder in Übereinstimmung zu bringen ... Um der BRD den ernsthaften Willen der DDR zu unseren Vorschlägen bewußt zu machen, ist zu erklären, daß durch diese und weitergehende Maßnahmen der ökonomischen und wissenschaftlich-technischen Zusammenarbeit DDR-BRD noch in diesem Jahrhundert solche Bedingungen geschaffen werden könnten, die heute existierende

Form der Grenze zwischen beiden deutschen Staaten überflüssig zu machen. Das müßte jedoch verbunden werden mit eigenen politischen und ökonomischen Vorschlägen der BRD zur Entspannung und zur ökonomischen Unterstützung der DDR."[14]

Verlautbarung der damals wichtigsten organisierten Oppositionskraft „Neues Forum" vom 8. Oktober 1989, gerichtet an die Mitglieder der SED:
„Ihr bildet die größte und wichtigste Körperschaft in diesem Lande. Zu Euch gehört ein enormes Potential von Fachwissen und Leitungserfahrung, das für die Erneuerung unserer Gesellschaft dringend gebraucht wird. Ihr beansprucht die führende Rolle – übt sie aus! Führt die Diskussion in Euren Reihen, führt das Politbüro in die wirklichen Probleme der DDR ein, führt die Gesamtpartei zu einem konstruktiven, lebenswahren Kurs! ... Die Diskussion, die die SED selbst führen muß, ist ein wichtiger Teil der gesamtgesellschaftlichen Diskussion, die unser Land braucht."[15]

E. Bahr, SPD-Politiker, in seinem Buch „Zu meiner Zeit", 1998:
„Am 4. November fasziniert die Übertragung der größten Nachkriegskundgebung auf dem Alexanderplatz. ... Das Regime scheint gelähmt, vielleicht auch durch die Beteiligung von Reformkräften in der SED. Witzig und friedlich bewegen sich die Demonstranten wie auf

einem Fest. Die Spannweite der Redner weckt Hoffnung, das Volk könne die DDR erneuern.

Am Abend des 9. (November) ist die Tagesordnung im Bundestag so uninteressant, daß ich früher nach Hause gehe. Das Wunder der Maueröffnung. Unbeschreiblich, es wenigstens am Fernsehen verfolgen zu können ... Das ist der Anfang vom Ende der DDR ... Ich war blind für die Situation, als sie unvermutet eintrat ...

Der Zeitzeuge muß bekennen: Bei aller Lebendigkeit haben die grauen Zellen das schnelle Ende der SED nicht für möglich gehalten. Macht- und Autoritätsverlust der führenden Partei – nach diesem Ergebnis des Jahres 1989 wurden ihre Repräsentanten Konkursverwalter, die möglichst viel Substanz in etwas Neues retten wollten, eine DDR, in der die SED die Macht würde teilen müssen. Die Einheit stand Ende 1989 nicht auf der Tagesordnung."[16]

B. Bohley, DDR-Bürgerrechtlerin, zur Grenzöffnung:
„Die Führung ist verrückt geworden, und das Volk hat den Verstand verloren."[17]

H. Modrow, bis 1989 Erster Sekretär der SED-Bezirksleitung Dresden, 1990 Ministerpräsident der DDR, in seinem Buch „Die Perestroika":
„Am 9. November fiel die Mauer, ‚ein Irrtum‘, wie die amerikanischen Diplomaten Zelikow und Rice zutreffend kommentierten. ‚Für das kommunistische Regime war die Maueröffnung der Todesstoß.‘ Das war wohl so ..."[18]

II. Zur Weichenstellung für den Anschluß

H. Modrow in seinem Buch „Die Perestroika":
„Auf einer Konferenz im sowjetischen Außenministerium am 28. Mai 1986 deuteten Gorbatschow und Schewardnadse erstmals an, daß für sie eine Vereinigung der beiden deutschen Staaten nicht undenkbar war. Diese Überlegung wurde in der Folgezeit wiederholt in kleinem Kreis erörtert, wobei namentlich Schachnasarow, Falin, Fjodorow, Bogomolow und Bondarenko aufgrund ihrer besonderen Beziehungen zu Deutschland am häufigsten unter den Diskutanten im Zentralkomitee und im Außenministerium zu finden waren. Auch hier gab es die beiden Linien – die einen hielten die Vereinigung für logisch, naturgemäß und unausweichlich, die anderen wollten auf keinen Fall am Status quo rütteln ..."[19]

Aus der Botschaft M. Gorbatschows an die Führung der SED zur Vorbereitung auf die für den 4. Dezember 1989 anberaumte Tagung des politisch beratenden Ausschusses der Warschauer Vertragsstaaten:
„Die in jüngster Zeit von der Deutschen Demokratischen Republik ergriffenen, bekannten Schritte haben viel Gerede über die ‚deutsche Frage', über die Aussichten für eine Vereinigung Deutschlands entstehen

lassen. Wir haben nicht die Absicht, auf eine detaillierte Diskussion dieses Problems einzugehen, sind jedoch der festen Meinung, daß in all diesen Jahren die Existenz und Entwicklung der DDR ein äußerst wichtiges Unterpfand für das europäische Gleichgewicht, für den Frieden und die internationale Stabilität war und ist. Als souveräner Staat, als Mitglied des Warschauer Vertrages war und bleibt die DDR unser strategischer Verbündeter in Europa. Soweit wir wissen, sind sich verantwortungsbewußte Politiker des Westens dieser Realität gut bewußt. Allerdings dürfen die Gefahren aufflammender revanchistischer Stimmungen und Leidenschaften nicht unterschätzt werden, ihr Anheizen kann lediglich dazu führen, daß das entstehende Vertrauen untergraben und sogar alle historisch bedeutenden Erfolge in der Entwicklung der Ost-West-Beziehungen in Frage gestellt werden."[20]

M. Gorbatschow, Generalsekretär des ZK der KPdSU, sagte in einer Beratung der sowjetischen Delegation mit der Führung der DDR anläßlich des 40. Jahrestages der DDR 1989 in Berlin den Satz:
„Wer in der Politik zu spät kommt, den bestraft das Leben."[21]

F. Mitterand, französischer Staatspräsident, M. Gorbatschow, in einer Gesprächsnotiz am 6. Dezember 1989:
„Aber als Mitterand, der sich am 6. Dezember mit

Gorbatschow in Kiew traf, dem sowjetischen Parteichef erzählte, daß er am 21./22. Dezember nach Berlin reisen und mit Modrow konferieren würde und Gorbatschow fragte, ob er ihn nicht begleiten wolle, gab sich Gorbatschow derartig überrascht, daß er auf die ernstgemeinte Idee nicht einging. Der französische Präsident beobachtete kritisch die Bonner Aktivitäten und wollte – das war der Sinn dieser Einladung – mir (Modrow) mit einem solch gewichtigen Doppelbesuch ... demonstrativ den Rücken stärken. Im Verlaufe ihres Gesprächs fragte Mitterand noch einmal: ‚Was wollen wir konkret tun?‘ Gorbatschow wußte keine Antwort. Das Treffen endete, wie dem sowjetischen Gesprächsprotokoll zu entnehmen ist, ohne Ergebnis.“[22]

H. Modrow zur Situation Ende 1989, Anfang 1990:
„Am 13. November wählte mich die Volkskammer zum Ministerpräsidenten und erteilte mir den Auftrag zur Regierungsbildung, am 17. November gab ich meine Regierungserklärung ab, in der ich einer Wiedervereinigung eine Absage erteilte. Ich glaubte an eine reformierte, sozialistische DDR und präferierte eine kooperative Koexistenz mit der Bundesrepublik. Ich wollte eine Vertragsgemeinschaft auf der Basis bestehender Verträge und Abkommen. Dadurch sollten beide deutsche Staaten zu Stützen des europäischen Hauses werden. Mit dieser Regierungserklärung stand ich nicht allein. Sie war die Auffassung aller Parteien in der großen Koalition und wurde von der Volkskammer bestätigt ...

Am 28. November trug Kohl im Bundestag sein ‚Zehn-Punkte-Programm für die Überwindung der deutschen Teilung' vor, mit dem er unmißverständlich die Wiedervereinigung als Endziel eines schrittweisen Prozesses markierte. ...

Statt dessen reiste Kohl nach Dresden. Unsere erste Begegnung stand unter keinem guten Stern. Kohl badete nach unserem Treffen in einem Meer schwarz-rot-goldener Fahnen vor der Ruine der Frauenkirche und zog alle Register der nationalen Gefühlsorgel, die Menschenmenge schien besoffen, jubelte ihm zu und verlangte in Sprechchören die Vereinigung. Mir wurde allmählich bewußt, daß die Uhr der DDR abgelaufen war ...

Weil keine Zeit blieb, präsentierte ich am 31. Januar meinen Plan der Presse. Ich stellte ihn unter die Überschrift ‚Deutschland einig Vaterland'. ...

Am 13. Februar reiste ich in Begleitung von 17 Ministern nach Bonn, von denen acht vom Runden Tisch kamen. Der Kanzler und auch die anderen Gesprächspartner in Bonn verhielten sich uns gegenüber abweisend bis arrogant. Kohl sagte Hilfe nur unter der Bedingung zu, daß die Bundesregierung die Geldpolitik in der DDR bestimmen dürfte. Wir wiesen dieses Ansinnen geschlossen zurück, denn die Ausführung eines solchen Vorhabens wäre einer Unterwerfung und Annexion der DDR gleichgekommen. Bei allem dramatischen Ernst der Lage: Unsere Würde hatten wir noch nicht verloren."[23]

37

Bundeskanzler H. Kohl in einer Regierungserklärung
im Bundestag am 15. Februar 1990:

„Am vergangenen Sonnabend wurden in Moskau in meinem Gespräch mit Generalsekretär Gorbatschow die Weichen gestellt. Ich habe meine Überzeugung ausgedrückt, daß auch bei vernünftiger Würdigung der Sicherheitsinteressen der Sowjetunion ein künftiges geeintes Deutschland nicht neutralisiert oder entmilitarisiert werden darf. ... Ich habe Ministerpräsident Modrow das Angebot unterbreitet, sofortige Verhandlungen zur Schaffung einer Währungsunion und Wirtschaftsgemeinschaft aufzunehmen. ... Dieses Angebot besteht im Kern aus zwei Teilen: 1. Zu einem Stichtag wird die Mark der DDR als Währungseinheit und gesetzliches Zahlungsmittel durch die D-Mark ersetzt. 2. zugleich müssen von der DDR die notwendigen rechtlichen Voraussetzungen für die Einführung einer Sozialen Marktwirtschaft geschaffen werden."

H. Kohl, Bundeskanzler der Bundesrepublik Deutsch-
land, auf Großveranstaltungen zur Wahl der Volkskam-
mer der DDR, die kurzfristig für den 18. März 1990
festgelegt worden war:
„Wir bringen Euch die härteste Währung der Welt."

„Das Wirtschaftspotential der DDR entspricht etwa dem des Bundeslandes Nordrhein-Westfalen."

III. Zur Schaffung einer Währungs-, Wirtschafts- und Sozialunion

K. Schiller, ehemaliger Wirtschafts- und Finanzminister der BRD, in einem Interview im März 1990 in der „Wirtschaftswoche":

„Die Experten waren sich ziemlich einig. Erst sollte die Wirtschaftsunion kommen, und im Laufe des Integrationsprozesses, wenn die realwirtschaftlichen Bedingungen sich an unser System angepaßt hätten und der Kapitalstrom in Bewegung gekommen sei, die Währungsunion ... Und dann hat die Regierung beschlossen, mit der Währungsunion zu beginnen ... Wer in die DDR fährt, merkt aber auch, daß die Leute dort uns keine Zeit dazu geben ... Die Bundesrepublik, die zu den reichsten Staaten der Welt gehört, ist doch in der Lage, die Wirtschaft der DDR wieder auf die Beine zu bringen ... und ich bin fest davon überzeugt, daß wir ein zweites Wirtschaftswunder erleben können. Sechzehn Millionen Landsleute in der DDR wollen doch anpacken."

Aus einem Positionspapier der DDR-Seite zur Notwendigkeit einer Strukturanpassungsphase für die DDR-Wirtschaft, übergeben am 13. März im Rahmen der Arbeitsgruppenberatungen zur Wirtschafts-, Währungs- und Sozialunion in Bonn:

„Alle internationalen Erfahrungen und Beispiele belegen, daß man zwei in Jahrzehnten nach völlig unterschiedlichen Prinzipien gewachsene Wirtschaften nicht von einem Tag zum anderen den ökonomischen Bedingungen und Gesetzen eines dieser Wirtschaftsbereiche unterwerfen kann ... Berechnungen zu den Bedingungen der Einführung der D-Mark, der Preise der BRD und damit des internationalen Marktes führen zu dem Schluß, daß etwa 70 Prozent der Unternehmungen bei einem ‚Wurf in das kalte Wasser‘ in eine Konkurslage kommen. Das würde die Arbeitsplätze von 2 bis 2,5 Mio. Menschen betreffen ... Eine solche Situation würde genau zum Gegenteil dessen führen, was mit der Schaffung einer Währungsunion und Wirtschaftsgemeinschaft beabsichtigt ist. Der Strom der Ausreisenden wird nicht gestoppt, sondern in einem bedeutenden Maße angeheizt. Man muß dabei berücksichtigen, daß auch die Arbeitslosen in der Bundesrepublik besser als in der DDR gestellt sind. Selbst bei Lösung des damit verbundenen Problems der Bereitstellung von Mitteln für die Arbeitslosenunterstützung würde dies zu unkalkulierbaren politischen Konsequenzen führen. Die Mittel für die dann erforderliche Arbeitslosenunterstützung wären Investitionen in die falsche Richtung. Wir müssen deshalb mit allem Ernst die Frage einer Strukturanpassungsphase für den Übergang zur internationalen Konkurrenzfähigkeit unserer Betriebe und Unternehmungen für einen Zeitraum von mindestens 3 bis 4 Jahren stellen. Wir halten das für ein Kernstück der Schaffung einer Währungs-, Wirtschafts- und Sozialunion.“[24]

IV. Zur Bildung der Treuhandanstalt

W. Ullmann, maßgebliches Mitglied des zentralen Runden Tisches:
Er schlug am 12. 2. 1990 „die umgehende Bildung einer Treuhandanstalt zur Wahrung des Anteilsrechts der Bürger mit DDR-Staatsbürgerschaft am Volkseigentum der DDR" vor.
In der Vorlage 12/29 des zentralen Runden Tisches hieß es: „Offenbar ist statt einer deutschen Fusionslösung eine baldige Angliederung der DDR an die Bundesrepublik Deutschland wahrscheinlich geworden. ... Durch die sofortige Schaffung der oben genannten Kapital-Holding-Treuhandgesellschaft als neues Rechtssubjekt würde dafür Sorge getragen werden, daß das im Volksbesitz befindliche Eigentum – soweit es sich als demokratisch legitimiert bzw. durch Kriegsergebnisse zustandegekommen erweisen wird – in der DDR nicht herrenlos wird und einfach verlorengeht."[25]

Grenzen löset Irrtum ...

D. Rohwedder, der am 29. 8. 1990 zum Präsidenten der Treuhandanstalt berufen worden war, faßte die Leitlinie seiner Arbeit in einem Brief an die Mitarbeiter vom März 1990 wie folgt zusammen:
„Zügig privatisieren – entschlossen sanieren – behutsam abwickeln."[26]

So lief es dann ...

41

W. Romberg, Finanzminister der Regierung de Mai-
zière, in einem Presseinterview anläßlich des zehnten
Jahrestages der Währungsunion:
„Der einstige Treuhandchef Rohwedder hatte mir noch
im August 1990 gesagt, er rechne damit, daß es noch in
zehn Jahren Staatsbetriebe in großem Umfang gibt."[27]

P. Rosenthal, Porzellanfabrikant und ehemaliger Bun-
destagsabgeordneter, in einem Interview in der Berliner
Zeitung:
„Detlev Rohwedder – dem Chef der Treuhandanstalt –
machte ich den Vorschlag, allen ostdeutschen Arbeitern 10 bis 15 Prozent ihrer Firma abzugeben. Das hätte
ungeheuer motivierend wirken können. Rohwedder
schrieb zurück, er sei absolut meiner Meinung. Tage
später wurde er ermordet."

B. Breuel, Nachfolgerin von D. Rohwedder an der
Spitze der Treuhandanstalt, faßte ihre Philosophie in
die griffige Losung:
„Privatisierung ist immer noch die beste Sanierung."[28]

Das war eine strategische Korrektur und erwies sich als
Todesurteil für den Hauptteil der Industrie der DDR.
Der Höhepunkt der überstürzten Privatisierung durch
die Treuhandanstalt und ihre Nachfolgeeinrichtung, der
Bundesanstalt für vereinigungsbedingte Sonderaufga-
ben (BvS), lag 1991/1992. Bezogen auf die Anzahl der

42

abgeschlossenen Verträge verdeutlichen das folgende dokumentierte Zahlen:[29]

1990	1.422	
1991	12.476	
1992	11.576	
1993	6.214	
1994	3.568	alles THA
1995-1998	4.370	alles BvS

Um die Privatisierung zu beschleunigen, flossen erhebliche öffentliche Mittel in Form von direkten, Verlustübernahmen, Entschuldung und Freistellungen von ökologischen Belastungen der Immobilien an westdeutsche und ausländische Unternehmungen. Nach Darstellung der „Frankfurter Allgemeinen Zeitung" sind etwa 80 Prozent der ehemaligen VEB bei der Privatisierung von den sog. Altschulden entlastet worden. Diese wurden von der Treuhandanstalt, also dem Bund, übernommen. Durch die Übernahme in den Erblastentilgungsfonds müssen sie – einschließlich der horrenden Zinsen – vom Steuerzahler beglichen werden. Gewinner sind die Banken, die laut Rechnungshof im September 1995 Ausgleichsforderungen gegenüber dem Bund in Höhe von 98 Mrd. DM hatten.[30]

Die internationale Akzeptanz einer schnellen Vereinigung der beiden deutschen Staaten wurde von Experten wie folgt eingeschätzt:

„Keine Probleme hatten die USA. Präsident George Bush und sein Außenminister ... hatten die Bundesrepublik 1989 zum bevorzugten Verbündeten ... in Europa auserkoren ... In Großbritannien und Frankreich brachen alte Ängste wieder durch. Die Wiedervereinigung Deutschlands mußte überdies das Ende der Nachkriegsordnung von Jalta und Potsdam und damit des Status der ‚Siegermacht' mit sich bringen. Also versuchte man, die Vereinigung wenigstens zu verzögern, zumindest verbal mit der wiederholten Versicherung, sie stünde nicht auf der Tagesordnung (Margaret Thatcher). Francois Mitterand stattete sogar der offenkundig in Agonie liegenden DDR vom 20 bis 22. Dezember 1989 einen Staatsbesuch ab, ein Beispiel dafür, daß auch bedeutende Staatspersonen zu erstaunlichen Fehleinschätzungen imstande sind.

Nicht zuletzt unter dem Eindruck der uneingeschränkten Unterstützung der deutschen Vereinigung durch die Amerikaner fügten sich Briten und Franzosen schließlich ins Unvermeidliche. Francois Mitterand wurde das sicher erheblich dadurch erleichtert, daß Helmut Kohl einer Beschleunigung der Wirtschafts- und Währungsunion und der Initiative in Richtung einer Europäischen Politischen Union zustimmte."[31]

V. Zu den Ergebnissen der Tätigkeit der Treuhandanstalt

Im Bericht der Treuhandanstalt vom 30. 12. 1994 wurde im Ergebnis der vierjährigen Tätigkeit zur Transformation des industriellen Produktiveigentums der DDR folgende Abrechnung vorgelegt:

Aufkommen
73 Mrd. DM Privatisierungserlöse
264 Mrd. DM Kreditaufnahme auf dem Kapitalmarkt
337 Mrd. DM insgesamt

Verwendung
101 Mrd. DM insgesamt Altkredite (dar. 26 Mrd. DM Zinsen)
44 Mrd. DM ökologische Sanierung
154 Mrd. DM unternehmerisch-finanzielle Sanierung (einschließlich Übernahme der Kosten bei Stillegung und Privatisierung aus der Abwicklung)
38 Mrd. DM sonstige Kosten
337 Mrd. DM insgesamt[32]

Das heißt, aus dem industriellen Kapitalstock der Volkswirtschaft der DDR – unabhängig, ob man ihn mit 600 Mrd. DM, wie von Rohwedder in einem Vortrag vor der Handelskammer in Wien angegeben, oder mit einer Billion DM, wie in verschiedenen anderen Quellen angegeben, zugrunde legt, wurde im Ergebnis der Tätigkeit der Treuhandanstalt unter Leitung von Frau Breuel ein Schuldenberg von rd. 260 Mrd. DM. Nach offiziellen Angaben ging die Zahl der Erwerbstätigen 1989 zu 2004 insgesamt um 3,2 Mio. Personen zurück. Das ist ein Rückgang um 36 Prozent, in der Industrie ging die Zahl um 73 Prozent zurück, es verblieben 27 Prozent; in der Landwirtschaft ging die Zahl um 79 Prozent zurück, es verblieben 21 Prozent.

Arbeitspapier des Willy-Brandt-Kreises, Dezember 1997: „Das Produktivvermögen, d. h. der Wert des Kapitalstocks, den die DDR hinterlassen hat, beträgt nach seriösen Schätzungen etwa 450 Mrd. DM. Der Anteil in ostdeutscher Hand sei sehr niedrig.

Nach einer Expertenbefragung des Treuhand-Untersuchungsausschusses des Bundestages seien bis Ende 1993 (in Arbeitsplätzen ausgedrückt) bezogen auf den Unternehmensbestand

87 Prozent an westdeutsche

7 Prozent an ausländische und nur

6 Prozent an ostdeutsche Investoren

verkauft worden. Bei heute durchschnittlich 50 Prozent der westdeutschen Kapitalausstattung würde die Eigentumsquote der Ostdeutschen am Produktivvermögen ganze 3 Prozent betragen."[33]

H. Nick in einer Presseveröffentlichung, August 2005:
„Der ersten Vorstandssitzung der Treuhandanstalt im November 1990 lag eine Analyse vor, der zufolge von 1438 Betrieben 8,8 Prozent schon bzw. absehbar rentabel, 65,3 Prozent sanierungsfähig bzw. wahrscheinlich sanierungsfähig, 25,9 Prozent nicht bzw. bezweifelbar sanierungsfähig werden. Auch andere Analysen ergaben, daß höchstens ein Drittel der Industrie-Betriebe nicht sanierungsfähig war. Die Frage bleibt: Warum gingen über zwei Drittel der ostdeutschen Industrie verloren? Warum war der Rückgang der Industrieproduktion hier am höchsten im Vergleich zu anderen ost- und mitteleuropäischen Ländern, obwohl die Produktivität die höchste im RGW war? Nicht der Produktivitätsnachteil der ostdeutschen Wirtschaft, sondern die Marktmacht der westdeutschen war ausschlaggebend. Die ‚unfreundliche Marktübernahme‘ – sowohl des ostdeutschen Binnenmarktes wie der Ostmärkte des früheren RGW – hieb der ostdeutschen Industrie die Beine weg."[34]

F. J. Bucher, Sprecher des SPD-Bundestagsfraktion im Unterausschuß DDR-Vermögen:
„Die schnelle Privatisierung, mangelnde Aufsicht durch Bundesfinanzministerium und THA haben zu erheblichen Vermögensschäden geführt ... Gemessen an der Summe dessen, was durch diese oft noch lässige, schlampige, oberflächliche Aufsicht zum Schaden der Bundesrepublik geschehen ist, gehört es zu einem ordentlichen Rechtsstaat, daß da auch Köpfe rollen."

VI. Einschätzung des ökonomischen Anschlusses der DDR an die BRD durch westdeutsche Politiker und Persönlichkeiten

K. Kinkel als Bundesjustizminister auf dem 15. Deutschen Richtertag im September 1991:
„Ich baue auf die deutsche Justiz; es muß gelingen, das SED-Regime zu delegitimieren."

H. Voscherau, Hamburger Bürgermeister, in der „Welt" 1996:
„In Wahrheit waren fünf Jahre Aufbau Ost das größte Bereicherungsprogramm für Westdeutsche, das es je gegeben hat."[35]

H. Ringstorff, langjähriger Ministerpräsident in Mecklenburg-Vorpommern, in der „Welt", 1996:
„Die Förderung der ostdeutschen Wirtschaft fließt zu 80 Prozent an Unternehmen und Unternehmer im Westen zurück."[36]

H. v. Pierer, ehemaliger Vorstandsvorsitzender der Siemens-AG, im „Handelsblatt" 1996:
„In Deutschland haben wir Anfang der neunziger Jahre

vom Boom durch die Wiedervereinigung profitiert. Da herrschte in den USA noch Rezession; uns ging es gut. Die Notwendigkeit von Veränderungen wurde nicht überall rechtzeitig erkannt."[37]

R. Dinkel, Harvardabsolvent, Hochschullehrer in Rostock, in einem Presseinterview 2004:
„Der Osten wurde überfahren. Im Jahre 1990 fand keine echte Vereinigung statt. Die neuen Länder sind beigetreten zu Bedingungen, die ausschließlich den Interessen der alten Länder dienten. Jetzt, 15 Jahre später, muß man erkennen, daß der Osten, wirtschaftlich entkernt, nicht lebensfähig ist."[38]

und das war gewollt!

U. Müller, Journalist, in seinem Buch „Supergau deutsche Einheit", 2005:
„In der Geschichte des westdeutschen Wirtschaftswunders wird ein Kapitel meist unterschlagen. Es handelt von den Ostdeutschen ... Ohne sie wäre der beeindruckende Aufstieg der altbundesdeutschen Nachkriegsgesellschaft kaum so überzeugend gelungen. Die tatkräftige Unterstützung der Zonenflüchtlinge war für die Westdeutschen bei ihrem Wiederaufbau eine feine Sache, legten doch nicht zuletzt die Brüder und Schwestern aus dem Osten das Fundament für den westlichen Wohlstand. Was der einen Seite zuwuchs, verlor die andere – in Deutschland wurde der Reichtum praktisch umverteilt. ... Das desaströse Bild, das sich heute in

den östlichen Bundesländern zeigt, hat genau mit dieser Umverteilung zu tun ... es relativiert die Bedeutung der enormen Finanzmittel, die von den Westdeutschen unter großen Kraftanstrengungen aufgebracht werden."[39]

G. Gillen, Journalistin, Moderatorin beim WDR, bei der Vorstellung ihres Buches ‚Hartz IV‘ auf der Leipziger Buchmesse 2005:
„Ohne eure sogenannte Alternative hätten wir die ‚soziale Marktwirtschaft‘ kaum gehabt. Unsere alte Bundesrepublik war ein Reflex auf die DDR und hat sich unter dem Druck der Systemkonkurrenz entwickelt."[40]

D. Dahn, Schriftstellerin, Historikerin, ergänzte dazu in einer Buchbesprechung 2005:
„Der Gedanke, die hauptsächlichen Nutznießer des mißratenen Realsozialismus seien die Westdeutschen gewesen, greift in letzter Zeit um sich."

Erklärungen von Altbundespräsidenten zur Situation der Menschen des Ostens:
Richard von Weizsäcker in der Zeit der Wende:
„Teilung kann nur durch teilen überwunden werden."

„Die Revolutionäre von 1989 haben mit ihrem gewaltfreien Umsturz allen Deutschen ein neues Bewußtsein von Freiheit gegeben."

Roman Herzog sprach in seiner Antrittsrede als Bundespräsident „vom Unglück der Geschichte, das die Ostdeutschen betroffen hat, was man bei der Wiedervereinigung berücksichtigen müsse".

Johannes Rau sagte in seiner Antrittsrede:
„Dabei sollten wir zehn Jahre nach dem Fall der Mauer nicht vergessen, daß die Menschen in der DDR ohne eigenes Verschulden die weitaus schwereren Lasten aus der deutschen Geschichte zu tragen hatten."

Horst Köhler, amtierender Bundespräsident, auf dem Wanderweg der deutschen Einheit zum 15. Jahrestag der Einheit:
„Die Vorstellung, überall gleiche Verhältnisse zu haben, ist irrig. Gleiche Bildungschancen zu haben, ist wichtiger."[41]

VII. Wer steht bei wem in der Schuld?

S. Kupper, westdeutscher Wirtschaftsexperte und Autor wirtschaftshistorischer Arbeiten:

„In den Westzonen gingen von 1945 bis 1948 etwa drei Prozent der industriellen Kapazitäten von 1944 verloren, in der SBZ dagegen ca. 30 Prozent. Rechnet man den Demontageverlusten die Kriegsschäden und den Verschleiß hinzu, verblieben der ostdeutschen Wirtschaft 1948 kaum 50 Prozent der Kapazitäten des Jahres 1944. Insgesamt werden die Belastungen für die SBZ und die spätere DDR durch Reparationsleistungen (einschließlich Besatzungskosten) in der Zeit von 1945 bis 1953 auf mindestens 54 Mrd. RM/Mark zu aktuellen Preisen geschätzt. Die negativen Auswirkungen der Reparationsproduktion, der Anpassung der Branchenstruktur an die sowjetischen Bedürfnisse, der teilungsbedingten Disproportionen und der durch Systemtransformation verursachten Effizienzverluste auf die Volkswirtschaft der SBZ/DDR lassen sich nicht berechnen. Westdeutschlands Reparationsleistungen lagen zwischen 1945 und 1953 nur bei 16,8 Mrd. Dollar (Preisbasis 1938). Das entsprach einer Belastung pro Kopf der Bevölkerung in Höhe von 360,8 Dollar, während in der SBZ/DDR nach dieser Rechnung 888,7 Dollar pro Kopf gezahlt werden mußten."[42]

A. Peters, Wirtschaftshistoriker, Kartograph, und 54 weitere Professoren veröffentlichten einen „Aufruf an die Regierung der Bundesrepublik Deutschland zur Zahlung ihrer Reparations-Ausgleichsschuld an die Deutsche Demokratische Republik", vorgestellt auf einer öffentlichen Pressekonferenz am 28. 11. 1989 in Bonn, in dem festgestellt wird:

„Nach Angaben der interalliierten Reparationsagentur sowie des Ministeriums für innerdeutsche Beziehungen beziffern sich die Reparationen der DDR zu Preisen von 1953 auf rund 100 Mrd. DM, die der Altbundesrepublik auf 2,5 Mrd. DM. Die DDR trug also 98 Prozent der Reparationslast Gesamtdeutschlands.

Wenn die Reparationszahlungen gleichmäßig auf die Bürger ganz Deutschlands verteilt worden wären, ergäbe sich folgendes: Unter Berücksichtigung einer Verzinsung von 6 $\frac{5}{8}$ Prozent (wie sie die DDR für den ihr vom Bundesfinanzministerium über deutsche Großbanken 1983–1988 gewährten Kredit zu zahlen hatte), ergibt sich eine Ausgleichszahlung der BRD an die Bürger der DDR in Höhe von 727,1 Mrd. DM zu Preisen von 1989 als ein völlig gerechtfertigter Lastenausgleich."

Auf der Pressekonferenz im November 1989 erklärte Prof. Peters: „Mir geht es darum, deutlich zu machen, wenn wir jetzt der DDR Ressourcen zur Verfügung stellen, das nicht unter der Überschrift ‚Hilfe' oder ‚altruistische Hilfe' subsumieren können." Die BRD müsse sich als Treuhänder ansehen „für die Bevölkerung der DDR in bezug auf ein gewissermaßen gespartes Kapital, mit dem wir ja arbeiten konnten. Und dieses Treugut muß man natürlich zurückgeben."

Prof. G. Leptin, FU Berlin, Osteuropaexperte:
„Unter diesen Umständen wird man bei einem langfristigen Vergleich der wirtschaftlichen Entwicklung in beiden Teilen Deutschlands der innerdeutschen Arbeitskräftewanderung von Ost nach West, das heißt politisch gesehen der bis zum Bau der Mauer im August 1961 massiven Fluchtbewegung, besondere Aufmerksamkeit schenken müssen. Von 1950 bis 1961 kamen jährlich zwischen 144.000 (1959) und 330.000 (1953) Flüchtlinge nach Westdeutschland, von denen im Durchschnitt rund 60 Prozent Erwerbspersonen waren. Wenn man berücksichtigt, daß jeder arbeitsfähige Flüchtling beim innerdeutschen Wirtschaftsvergleich einen Arbeitskräfteunterschied von 2 Personen ausmacht (im Osten –1 im Westen +1), dann wird die wachstumspolitische Bedeutung der Fluchtbewegung besonders deutlich ... Unter den Flüchtlingen war der Anteil der Jugendlichen bis zu 25 Jahren immer sehr hoch, meist um 50 Prozent."[43]

Nach Angaben der Deutschen Bundesbank lag der Anteil der Wachstumsimpulse aus den neuen Bundesländern im 2. Halbjahr 1990 bei ca. 40 Prozent und im ersten Halbjahr 1991 bei 55 Prozent des Wachstums des gesamten Bruttoinlandsproduktes der alten Bundeslän-

54

der. Im Zusammenhang mit der aktuellen Diskussion zu den innerdeutschen Transferleistungen stellte die Deutsche Bank Research im September 1996 fest, „daß die westdeutsche Wirtschaft insbesondere in den Jahren 1990 bis 1992 stark von der Maueröffnung profitieren konnte. Der transferfinanzierte Einigungsboom bescherte den alten Bundesländern im Durchschnitt dieser Jahre eine reale Wachstumsrate von gut 4 Prozent. Das starke Wachstum in den alten Bundesländern trug wesentlich dazu bei, daß sich die Anzahl der Erwerbstätigen in Westdeutschland im Zeitraum 1990/1992 um fast 1,8 Mio. erhöhte. Die Deutsche Vereinigung führte damit in den alten Bundesländern infolge der Wachstumsgewinne zu erheblichen Steuermehreinnahmen und Minderausgaben, die den einigungsbedingten gegenzurechnen sind.“[44]

L. Hoffmann, damals Präsident des DIW, schrieb im Jahr 1993:

„Da die Transferzahlungen (von West nach Ost) überwiegend durch die Verschuldung des Staates finanziert wurden und in Form von Käufen bei westdeutschen Unternehmen weitgehend wieder nach Westdeutschland zurückfließen, hat der Aufbau dieses Transferprogrammes die Wirkung eines gewaltigen Keynessianischen Konjunkturprogrammes, das der westdeutschen Wirtschaft in der Phase eines weltweiten Konjunkturrückgangs überdurchschnittliche Wachstumsraten bescherte.“

Im Jahresarbeitsmarktbericht Ostdeutschland 1995/96
der SPD-Bundestagsfraktion wurde festgestellt:
„Allein die westdeutschen Lieferungen nach Ostdeutschland haben 1994 eine zusätzliche Produktion
bzw. Beschäftigung in den westdeutschen Ländern in
einer Größenordnung von 5 bis 7 Prozent des Bruttoinlandsproduktes bzw. 1,4 bis 1,9 Mio. Arbeitsplätze
gesichert."

Etwa zum gleichen Zeitpunkt zitierte das „Handelsblatt" den ehemaligen *VW-Chef C. H. Hahn,* „daß
schätzungsweise über eine Million Arbeitsplätze in
Westdeutschland ihren Ursprung der deutschen Wiedervereinigung verdanken".

Veröffentlichung des Instituts für Wirtschaftsforschung
Halle, Oktober 1996:
„Die gesamtwirtschaftliche Produktion in Westdeutschland hat nach der deutschen Vereinigung einen
deutlichen Niveauschub erzielt; dieser kann auf eine
Größenordnung von nominal rd. 200 Mrd. DM im Jahr
veranschlagt werden. Vor der deutschen Vereinigung
folgte das westdeutsche Bruttoinlandsprodukt einem
Wachstumstrend, der die Produktion von rd. 1.570 Mrd.
DM im Jahre 1997 auf gut 2.320 Mrd. DM ansteigen
läßt (zu konstanten Preisen 1991). Im Jahre 1997 wird
das westdeutsche BIP um rd. 7 Prozent über dem Wert
liegen, der sich bei Fortschreibung der Trends 1979/89
ergeben hätte. Der Vereinigungsgewinn übersteigt die

Transferzahlungen, die Westdeutschland zugunsten Ostdeutschland leistet (Größenordnung 150 Mrd. DM)."

„Es wird eingeschätzt, daß in den neunziger Jahren ohne die Lieferungen in den Osten das westdeutsche Sozialprodukt um 6 bis 7 Prozent geringer gewesen wäre. Umgerechnet bedeutet das im Westen eine Million Arbeitsplätze zusätzlich und jährlich 40 Mrd. Euro mehr für die öffentlichen Haushalte."[45]

H. Tietmeyer, Leiter der westdeutschen Arbeitsgruppe zur Vorbereitung der Währungs-, Wirtschafts- und Sozialunion und Chef der Deutschen Bundesbank, zur Festlegung des vielfach kritisierten Prinzips „Rückgabe vor Entschädigung":
„Was die nach 1945 unter DDR-Recht zustandegekommenen Enteignungen angehe, so vertrat er (K. Kinkel) den Grundsatz der ‚Restitution anstelle von Kompensation'. Hier könne und dürfe es trotz möglicher wirtschaftlicher und auch politischer Probleme in der DDR keine andere Lösung geben. Herr Kinkel fand für diese Position die Zustimmung der Koalition. Meine eigenen Vorbehalte zu dieser Entscheidung habe ich bereits erwähnt. ... Es bedurfte offenbar erst der negativen Erfahrungen, um später zu einer ‚Vorfahrtsregelung für Investitionen' zu kommen."[46]

Der Spiegel, Nr. 15 vom 5.4.2004:
„1250 Milliarden Euro – Wofür?
Wie aus dem Aufbau Ost der Absturz West wurde"
„Wenn man die Dinge weiter so laufen läßt wie bisher,
wird ganz Deutschland heruntergezogen. Der Aufbau
Ost ist zu wenigstens zwei Dritteln für die Wachstums-
schwäche Deutschlands verantwortlich."

Prof. Bofinger, Wirtschaftsweiser, April 2004:
„Der Osten hängt der Bundesrepublik wie ein Mühl-
stein am Hals."[47]

*Der Sachverständigenrat der Bundesregierung erklär-
te in seinem Jahresgutachten 1997/1998:*
„Eine Berechnung der Gesamttransfers stößt auf
Zurechnungsschwierigkeiten der Bemessung der als
Gegenposten anzusetzenden Steuereinnahmen aus den
neuen Bundesländern, aber auch schon bei den Ausgaben des Bundes zur Erfüllung seiner verfassungsmäßi-
gen Aufgaben. Offensichtlich ist es nicht sinnvoll, in
den neuen Bundesländern anfallende Ausgaben für
Bundeswehr und Bundesgrenzschutz als Transfers zu
zählen. Bei Investitionen zum Ausbau des Verkehrs-
netzes scheint die Zurechnung schon eher begründbar
zu sein ... aber auch hier läßt sich argumentieren, daß es
nichts mit Transfers in die neuen Bundesländer zu tun
hat, wenn die Verkehrsverbindungen der Bundeshaupt-
stadt mit allen Teilen des Landes verbessert werden. ...

Auch im früheren Bundesgebiet hat es stets erhebliche Transfers an einzelne Bundesländer gegeben, ohne daß deswegen Veranlassung gesehen wurde, Gesamtbeträge auszurechnen und damit in der Öffentlichkeit zu argumentieren."

H. Dürr, ehemaliger Chef der deutschen Bundesbahn:
„Die großen Industriebetriebe haben auch eine entscheidende gesellschaftliche Rolle gespielt. Wenn die nun alle kippen, dann kriegen wir ein gewaltiges sozialpolitisches Problem. Und deshalb können wir nicht nur nach betriebswirtschaftlichen Kriterien handeln."[48]

K. v. Dohnanyi, Hauptberater der Treuhand, in einem Presseinterview 2003:
„Es gab weder in der Regierung Kohl noch gibt es in der jetzigen Regierung unter Gerhard Schröder wirksame konzeptionelle Strategien, die der besonderen Problematik Ostdeutschlands angemessen wären. Die Politik ist sich der Bedeutung des Ostens für Deutschland nicht wirklich bewußt. Die Diskussion über das Schlußlicht Deutschland im europäischen Vergleich, zum Beispiel, sind so völlig sinnlos. Der Westen ist noch immer stark und hat eine viel niedrigere Arbeitslosigkeit als der europäische Durchschnitt. Man kann Ost und West nicht zu einem Brei zusammenrühren und sagen, das Ergebnis sei repräsentativ für die Probleme des ganzen Landes."

A. Oetker, BDI-Vizechef, in einem Presseinterview 2004:

Auf die Frage, ob die Regierung (der rot/grünen Koalition) angesichts der Demonstrationen gegen Hartz IV und die arbeitnehmerfeindlichen Maßnahmen standhalten werde, antwortete er: „Sie muß. Wenn sie jetzt nachgibt, wird sie erpreßbar. Dann gibt es keinen Halt mehr. Zumal der Druck in dem Maße größer wird, wie die SPD an Popularität verliert. ... Gerhard Schröder ist dafür zu bewundern, daß er den Reformkurs auch um den Preis des Verlustes der Regierungsmacht vertritt. Er tut Deutschland einen Gefallen. ... Die Union und die SPD sollten froh sein, daß die rot-grüne Regierung so eifrig die Reformen angeschoben hat. ... Der Reformprozeß wird noch zehn oder 15 Jahre dauern."[49]

VIII. War die DDR 1989 wirtschaftlich am Ende?

Im Statistischen Jahrbuch der DDR veröffentlichte und im Jahr 1990 überprüfte statistische Angaben (relativ geringfügige Abweichungen davon werden in einer im Jahre 2005 vorgelegten wissenschaftlichen Langzeituntersuchung ausgewiesen):

„Über einen Zeitraum von siebzehn Jahren hatte sich die DDR stabil entwickelt. Der Leistungszuwachs betrug pro Jahr durchschnittlich 4 Prozent.

Das Wachstum aller produzierenden Bereiche (gesellschaftliches Gesamtprodukt zu vergleichbaren Preisen) betrug auch 1989 noch 2,3 Prozent jährlich.

Das Wachstum des produzierenden Nationaleinkommens, d. h. des dynamischen Teils des Gesamtproduktes betrug

1980–1989	3,9 Prozent
1985–1989	3,1 Prozent

Es gab also ein beträchtliches und kontinuierliches Wachstum auch im letzten Jahrzehnt der Existenz der DDR, wenn auch in einer sich abflachenden Kurve.

Wenn die Konditionen der 1987 in der EU für Währungsvergleiche vereinbarten Verrechnungswährungseinheit ECU (European Currency Unit) zugrundegelegt werden (1 ECU zu 2,07 DM) ergibt sich, bezogen auf das Bruttoinlandsprodukt (BIP) je Einwohner in ECU, folgende Reihenfolge der ökonomischen Leistung ausgewählter Länder der EU:

BRD	15.900
Frankreich	13.400
Großbritannien	9.800
DDR	8.100
Spanien	6.100
Griechenland	3.800
Portugal	3.090

Das heißt, die DDR nahm in diesem Kreis ausgewählter europäischer Länder einen Platz nicht weit hinter Großbritannien, weit vor Spanien, Griechenland und Portugal ein."[50]

W. Engels, damals Chefredakteur der „Wirtschaftswoche" und Mitglied des Wirtschaftsrates der CDU, schrieb im Leitartikel dieses führenden Wirtschaftsmagazins 1995: „Die alte DDR war zumindest in einer Beziehung ein grundsolider Staat; das Staatsvermögen machte ein mehrfaches der Staatsverschuldung aus. Dieses ganze Vermögen hat die Bundesrepublik mit dem Beitritt geerbt – fast die ganze Industrie, beträchtliche Teile des Wohnungsvermögens, der land- und forstwirtschaftlichen Flächen. Die Verwertung dieses Vermögens hat allerdings keinen Überschuß gebracht, sondern weit über eine Viertel Billion (DM) Zuschuß erfordert. Das sei eben alles Schrott gewesen, wird heute behauptet."[51]

T. Waigel, Bundesfinanzminister, in der Sitzung des Bundesrates am 22. 5. 1990:
„Die entstehenden Finanzdefizite ... sollen zu rund einem Drittel von der DDR selbst finanziert werden. Diese Selbstbeteiligung ist zumutbar, weil die DDR mit rund 40 Mrd. DM – 13 Prozent des Bruttosozialproduktes – eine vergleichsweise geringe Ausgangsverschuldung aufweist."[52]

Die Deutsche Bundesbank schrieb in ihrem abschließenden offiziellen Bericht „Die Zahlungsbilanz der ehemaligen DDR 1975 bis 1989", veröffentlicht im August 1999 zur Situation gegenüber dem „nichtsozialistischen Wirtschaftsgebiet":
„Die Liquiditätskrise des Jahres 1982 hatte gezeigt, daß die DDR in diesem Bereich verwundbar war. Die Schockwirkungen dieses Ereignisses veranlaßten die Verantwortlichen zu einer drastischen Änderung der Verschuldungspolitik. ... daß es den Verantwortlichen in der DDR relativ schnell gelungen ist, ein respektables Liquiditätspolster aufzubauen. Ende 1981 betrugen die Forderungen gegenüber dem NSW (nichtsozialistisches Wirtschaftsgebiet) noch 3,2 Mrd. VM (Valutamark), bis Ende 1985 waren sie auf 30,2 Mrd. VM angewachsen.

In der zweiten Hälfte des vergangenen Jahrzehnts konnten die Liquiditätsreserven nicht ganz auf dem hohen Niveau des Jahres 1985 gehalten werden. Aber Ende 1989 lagen sie immer noch bei 29 Mrd. VM und deckten 59,3 Prozent der Verschuldung ab. Das Verhältnis der Auslandsaktiva zu den Importen belief sich auf 158 Prozent, das heißt, sie entsprachen den Einfuhren von eineinhalb Jahren.

Das zweite Ziel, die Bruttoverschuldung gegenüber den westlichen Ländern zurückzuführen, hat die DDR allerdings verfehlt. Von 40,5 Mrd. VM Ende 1982 stiegen die Verbindlichkeiten bis Ende 1989 auf 48,8 Mrd. VM. ... d. h., nach Abzug der Devisenreserven erreichte die Verschuldung gegenüber den westlichen Ländern im Krisenjahr 1982 mit 25,1 Mrd. VM ihren Höhepunkt. Bis Ende 1985 ging sie auf 15,5 Mrd VM zurück. Danach wuchs sie wieder an, Ende 1989 betrug die Nettoverschuldung 19,9 Mrd. VM."

Gegenüber dem sozialistischen Wirtschaftsgebiet (SW): „Im Gefolge der Ölpreissteigerungen konnte die DDR ab 1977 das geplante Niveau der Importe aus der UdSSR nur noch mit Hilfe von Liquiditätskrediten der UdSSR aufrecht erhalten. Ab 1983 änderte sich das Bild. Die DDR konnte die Verbindlichkeiten gegenüber der UdSSR stetig zurückführen, gleichzeitig nahmen die Forderungen gegenüber den übrigen Ländern des SW kontinuierlich zu. Damit erreichte die DDR bereits im Jahre 1983 wieder eine Nettogläubigerposition gegenüber dem SW. Ende 1982 betrugen die Forderungen

2,8 Mrd. VM, bis Ende 1988 wuchsen sie auf 4,5 Mrd. VM an ... die Nettogläubigerposition gegenüber dem SW erreichte ein Rekordniveau von 3,6 Mrd. VM. Die Deutsche Bundesbank hat im Interesse des Vergleichs und der Zusammenfassung die Ergebnisse der DDR-Statistiken von M/VGW (Verrechnungswährung im RGW) auf Valutamark (VM) umgestellt."[53]

J. Roesler, Wirtschaftshistoriker, in einem Pressebeitrag:

„Der Produktivitätsabstand auf der Basis des Bruttoinlandsproduktes je Erwerbstätigen lag 1989 bei 42 Prozent des BRD-Niveaus, auf der Grundlage des Bruttoinlandsproduktes pro Einwohner bei 65 Prozent des westdeutschen Niveaus. Die Differenz erklärt sich daraus, daß es der DDR-Wirtschaft gelungen war, einen viel größeren Anteil der Einwohner des Landes in die Produktion einzubeziehen als die BRD. Das hing mit dem unterschiedlichen Grad der beruflichen Integration der Frauen zusammen, aber auch mit der gewünschten Vollbeschäftigung in der DDR. Die Bundesrepublik war davon weit entfernt. Deren Arbeitslosenquote pendelte in den Jahren 1974 und 1986 zwischen vier und neun Prozent. Die Arbeitslosen bildeten das ‚tote Gewicht‘, das die Produktivität im Vergleich zur DDR absenkte. Übrigens gilt in internationalen Produktivitätsvergleichen die Produktivität je Einwohner und nicht die je Erwerbstätigen(stunde) als maßgeblich.

Nicht zu leugnen aber ist: Pro Beschäftigten kam in der DDR nur halb so viel heraus wie in der Bundesrepublik. Das lag nicht nur an der modernen Technik im Westen, sondern auch an den Löhnen, die für die DDR im allgemeinen niedriger lagen als in der Bundesrepublik und weniger auf Leistung ausgerichtet waren. Das Problem war bekannt. Die Löhne sollten in den 70er und 80er Jahren stärker an die Leistung gekoppelt werden. Aus diesem Grunde wurden neue Grundlöhne eingeführt. Doch weder wurde die Festsetzung technisch begründeter Arbeitsnormen für Lohnarbeiter noch eine angemessene Bezahlung der Meister sowie der Hoch- und Fachschulabsolventen erreicht."[54]

IX. Unterschätzte Besonderheiten der ökonomischen Entwicklung beider deutscher Staaten

Zur Rolle des Marshallplanes für die BRD

G. Leptin, Osteuropaforscher, FU Berlin 1980:
„Während die mitteldeutsche Wirtschaft im Rahmen der Entnahmen aus der laufenden Produktion unentgeltliche Leistungen in Höhe von fast 20 Mrd. Mark zu erbringen hatte, erhielten die Westzonen bzw. die Bundesrepublik im Zuge des Marshallplanes und verschiedener anderer amerikanischer Hilfsprogramme für Europa unentgeltliche Leistungen zwischen 1945 und 1956 im Umfange vom 3,7 Mrd. Dollar oder 15,5 Mrd. DM. Davon waren etwa 10 Mrd. DM als Geschenke zu betrachten, der Rest wurde als Kredit gewährt und sollte in größeren Zeiträumen zurückgezahlt werden. Welche Bedeutung diese Auslandshilfe für den westdeutschen Wiederaufbau hatte ... läßt sich heute kaum noch ermessen. In einer Situation, die durch ein Überangebot qualifizierter und im höchsten Maße leistungsbereiter Arbeitskräfte sowie einer wegen jahrelanger Unterversorgung mit allen Gütern praktisch unbegrenzten Nachfrage gekennzeichnet war, in der es eigentlich nur an Produktionsmitteln fehlte – zum Teil, weil sie demontiert worden waren –, mußte die geschenkweise oder kreditäre Bereitstellung dieser Produktionsmittel

geradezu einen solchen Produktionsaufschwung mit sich bringen."[55]

Zur Rohstofffrage

Die „Rohstofffrage" – ein ungelöstes Problem der DDR zeit ihrer Existenz (Aus einer geheimen Niederschrift) „W. Ulbricht hatte der sowjetischen Führung 1968 Verhandlungen vorgeschlagen, die erst am 7. Juli 1969 begannen und von W. Stoph geleitet wurden, da Ulbricht aus gesundheitlichen Gründen verhindert war. Stoph erklärte: Um den Rückstand von über 20 Prozent in der Arbeitsproduktivität gegenüber der BRD aufzuholen, sei es erforderlich, die Versorgung mit Rohstoffen zu klären. Das betrifft den ständig wachsenden Bedarf an Walzstahl, Aluminium, Erdöl, Buntmetallen und Zellstoff. Hierzu wurden langfristige Vereinbarungen von 1980 bis 1990 vorgeschlagen. Die DDR-Regierung ersuche die sowjetische Seite um die Einhaltung ihrer Lieferverpflichtungen. Die Entwicklung der DDR sei nur möglich, wenn die Lieferungen der genannten Rohstoffe kontinuierlich erfolgen und entsprechend unserem Bedarf erhöht werden.
Am zweiten Beratungstag erklärte Breschnew, daß die erbetenen Lieferungen von Erdöl, Erdgas, Walzstahl, Aluminium, Kautschuk, Kupfer u. a. um die Hälfte gekürzt werden müssen. Er verwies auf die angespannte wirtschaftliche Situation der Sowjetunion, bedingt durch wachsende Militärausgaben, Kosten für die Un-

terstützung Vietnams, Länder des Nahen Ostens und eine Reihe anderer kleiner Staaten. Zusammenfassend erklärte der KPdSU-Chef: Wir sind nicht imstande, diese Positionen zu befriedigen. Daß wir das mit wehem Herzen sagen müssen, werden Sie sicher verstehen."[56]

Damit war die materielle Basis der ökonomischen Perspektive der DDR nach mehr als der Hälfte der ihr zugemessenen Existenzzeit und auch für die damals noch bevorstehenden zwanzig Jahre weit unterhalb ihrer ökonomischen Möglichkeiten festgeschrieben.

Der innerdeutsche Handel unter dem Joch des Kalten Krieges

Der innerdeutsche Handel erreichte bis 1950, also fünf Jahre nach Kriegsende, vor allem auch im Ergebnis der 1948 durchgeführten Währungsreform nicht einmal 10 Prozent des Umfangs der zwischen beiden Wirtschaftsgebieten vor dem Zweiten Weltkrieg erfolgten Lieferungen.

Im ersten Halbjahr 1951 betrug der Umfang der Lieferungen etwas mehr als 200 Mio. DM.

Im Spätsommer 1951 verboten die Hohen Kommissare und die Regierung der Bundesrepublik die bereits vertraglich vereinbarten Lieferungen von Walzstahl und Blechen.

Im zweiten Halbjahr 1952 kam der innerdeutsche Handel mit 9 Mio. DM praktisch zum Erliegen.

Am 30. 9. 1960 kündigte die Bundesrepublik das seit 1951 laufende Handelsabkommen mit der DDR, „vorsorglich", wie es hieß, was besonders den Ausfall von sensiblen Zulieferprodukten, u.a. Sonderstähle, Normteile, spezifische Chemikalien für die verarbeitende Industrie zur Folge hatte. Davon war oftmals das Produktionsvolumen ganzer Betriebe und sogar von Industriezweigen abhängig.

Die DDR reagierte darauf mit mehreren Aktionen zur „Störfreimachung". Das erforderte nicht nur großen organisatorischen und wissenschaftlich-technischen Aufwand; die kurzfristigen Notlösungen waren zwangsläufig oft auch von geringerer Qualität und Haltbarkeit.

Zur Rolle der ökonomischen Beziehungen zur Sowjetunion

Die ökonomischen Beziehungen zu Sowjetunion besonders in den achtziger Jahren und das Scheitern des Aufbaus einer sozialistischen Gesellschaft in der DDR (Nach Angaben aus dem Statistischen Jahrbuch der DDR):

Die DDR wickelte 60 bis 70 Prozent ihres Außenhandelsumsatzes mit RGW-Ländern ab, darunter ca. 40 Prozent mit der UdSSR. Es wurde eingeschätzt, daß ca. 70 bis 80 Prozent ihres Rohstoffbedarfs durch Lieferungen aus der Sowjetunion gedeckt wurden.

Mit Beginn der siebziger Jahre bahnten sich bekanntlich grundlegende Veränderungen der weltwirtschaftlichen Bedingungen an. Das drückte sich insbesondere auch in der Preisentwicklung für wichtige Rohstoffe, insbesondere Erdöl, Buntmetalle, Baumwolle, Kaffee u.a. aus. Der Preis je Tonne Erdöl, der an die UdSSR gezahlt werden mußte, erhöhte sich von 13 Rubel 1970 auf 70 Rubel 1980 und auf 168 Rubel 1985. Daraus ergab sich, daß der Außenhandelsumsatz zwischen der UdSSR und der DDR von 1979 bis 1985 zwar wertmäßig auf 245 Prozent anstieg, während das materielle Produkt der Lieferungen der UdSSR an die DDR bereits seit 1970 praktisch stagnierte.

Im Zeitraum 1975 bis 1985 betrugen die Importe der DDR aus der UdSSR 260 Mrd. Mark (Valutagegenwert). Davon waren jedoch 154 Mrd. Mark reine Preissteigerungen für Erdöl, die die DDR aufgrund ihrer Exportstruktur in wachsendem Maße mit Erzeugnissen des Maschinenbaus, der Elektrotechnik/Elektronik, der Textilindustrie, Möbel sowie Glas- und keramischen Erzeugnissen ausgleichen mußte.

In den achtziger Jahren führte der Verfall der Ökonomie in der Sowjetunion auch zu einer massiven Beeinträchtigung der ökonomischen Entwicklung der DDR. Während der Export der DDR in die UdSSR von 1986 bis 1989 jährlich mit rd. 33,5 Mrd. Mark (VGM) auf gleich hohem Niveau verblieb, reduzierte sich der Import aus der UdSSR von 40,2 Mrd. Mark auf 32 Mrd. Mark; d. h., er sank auf 70 Prozent.

Besonders schmerzhaft war, daß die langfristig vereinbarten und viele Jahre auch durchgeführten Lieferungen wichtiger Rohstoffe an die DDR sprunghaft zurückgingen; z. B. von 1985 bis 1988 bei Zink von 24.000 auf 12.000 (50 Prozent), bei Apatitkonzentrat von 430.000 Tonnen auf 300.000 Tonnen (70 Prozent), bei Schnittholz von 1,7 Mio. m^3 auf 0,9 Mio. m^3 (53 Prozent).

Dazu gehörten auch Lieferrückgänge bei Blei, Manganerz, Chromerz u. a. Materialien. Die Lieferungen von Steinkohle (im Rahmen eines Umleitungsvertrags aus Polen) sanken von 6 Mio. Tonnen in den sechziger Jahren auf 1 Mio. Tonnen 1987 und 300.000 Tonnen 1988.

Es wird immer wieder kolportiert, daß zunehmende Mangelerscheinungen in der DDR, besonders bei Konsumgütern, hauptsächlich durch den Kollaps des Planungs- und Leitungssystems verursacht worden wären. Diese Behauptung hält den Tatsachen nicht stand.

X. Zum sowjetischen Modell der Gesellschafts- und Wirtschaftsentwicklung im 20. Jahrhundert

J. K. Galbraith in seinem Buch „Die Geschichte der Wirtschaft im 20. Jahrhundert":

„Das Wirtschaftssystem der Sowjetunion und das seiner osteuropäischen Satelliten war tatsächlich stark und schwach zugleich. Wenn man es analysierte, beging man einen grundlegenden Fehler, wenn man die Dinge verallgemeinerte. ... Die Stärke des Wirtschaftssystems, besonders der Sowjetunion, lag in der Grundstoff- oder Schwerindustrie: Stahl, Mineralöl, Transporte, Chemie und, unnötig zu sagen, Waffen. In den mehr als vierzig Jahren seit dem Zweiten Weltkrieg hatte sich die Sowjetunion etabliert als Industrie- und Militärmacht, die an zweiter Stelle hinter den Vereinigten Staaten lag. Nun gab es zwei Supermächte in der Welt, und die Sowjetunion war eine von ihnen. Das war keine geringe Leistung."[57]

E. Hobsbawm in seinem Buch „Zeitalter der Extreme":

„Beide Supermächte überforderten und verzerrten ihre Wirtschaft mit dem gewaltigen und ungeheuer teuren Rüstungswettlauf; aber das kapitalistische System konnte die drei Billionen Dollar Schulden noch absorbieren, in die sich die USA, bis dahin größter Kreditgeber der Welt, in den achtziger Jahren hauptsächlich wegen ihrer Militärausgaben gestürzt hatten. Die Sowjetunion war weder in der Lage, eine vergleichbare Last auf sich zu nehmen, noch konnten die anderen Länder dabei helfen. Ihre Ausgaben verschlangen zu diesem Zeitpunkt bereits weit mehr von der sowjetischen Produktion – ein Viertel – als der siebenprozentige Anteil vom gewaltigen Bruttosozialprodukt, den die USA Mitte der achtziger Jahre für Rüstungszwecke ausgaben ... Am Ende der siebziger Jahre waren die Wirtschaften der europäischen Gemeinschaft und Japans zusammengenommen schon um 60 Prozent größer als die der USA. Die Bündnispartner und Schützlinge der Sowjetunion haben hingegen niemals auf eigenen Füßen gestanden. Sie entzogen der Sowjetunion vielmehr einen konstanten Strom von mehreren Milliarden Dollar jährlich."[58]

Diese Angaben werden durch eine umfangreiche, 2006 abgeschlossene Studie von Experten des Militär- und Rüstungssektors der Warschauer Vertragsstaaten bestätigt. Dort wird festgestellt: „Die UdSSR trug etwa 90 Prozent der Verteidigungsausgaben des Warschauer Vertrages; der Anteil der USA an den Verteidigungsausgaben der NATO betrug zwischen 55 und 75 Prozent. Die USA legten die Rüstungslasten, aber auch einen Teil der Kriegslasten stärker als die UdSSR auf die Verbündeten um. Diese Praxis des Kalten Krieges behielten die USA auch für die nach 1990 geführten Kriege bei."[59]

Nur ideologisches Kalkül kann dazu führen, diesen

Faktor als einen der Hauptgründe für das Scheitern des ersten großen Sozialismusversuchs in Europa und damit auch in der DDR kleinzureden oder auch nur zu vernachlässigen.

E. Chargaff, bedeutender USA-Genetiker, in einem Presseinterview in der Berliner Zeitung, Juli 1997:
„Ich glaube, daß an der DDR auch etwas dran war, vielleicht an der ersten Generation mehr als an der zweiten. Wie gesagt, ich war nie ein besonderer Bewunderer der Sowjetunion, aber ich habe immer gedacht, es war ein großer Versuch einer Alternative zum Kapitalismus. Und es war eine Versuchsstation für das nächste Jahrhundert: Alle haben dort schon frugales Leben einüben können. ... Nichts verschwindet in der Welt, alles bleibt in irgendeiner Form. ... Auch dieser Kapitalismus ist kein zeitloses Rad, das sich immer weiterdreht."

Z. Brzezinski, Berater des amerikanischen Präsidenten Carter, in seinem Buch „Macht und Moral":
„Der entscheidende Zusammenhang zwischen Kreativität und der Schaffung von Reichtum wurde völlig falsch eingeschätzt. Der Kommunismus durchtrennte die Nabelschnur zwischen Produktivität und Eigennutz. Die Abschaffung des Privatbesitzes (an Produktionsmitteln) führte zu wirtschaftlicher Lethargie und schließlich zur Leistungsschwäche des Systems."[60]

O. Lambsdorff, langjähriger Bundeswirtschaftsminister und Vorsitzender der FDP:
„Die Planwirtschaften mußten scheitern, weil sie von einem selbstlosen Menschen ausgehen, den es auf Erden nicht gibt. Die Marktwirtschaft ist dagegen auf einem real existierenden Menschenbild begründet, einem Menschen, der eigene Interessen verfolgt und Fehler hat."

F. Schorlemmer, Pfarrer in Wittenberg, 2007 in einem Presseinterview:
„Aufrührerische Gedanken gegen die soziale Ungerechtigkeit hat es immer gegeben und wird es weiter geben. Aber dem darf kein bestimmtes Wunschbild vom Menschen zugrundeliegen. Ein Mensch kann auch unter guten Umständen böse werden, und er kann unter bösen Umständen gut bleiben. Er kann, unter welchen Umständen auch immer, beides zugleich sein. ... Der Marxismus ist für mich im wesentlichen daran gescheitert, daß er sich nicht der gebrochenen menschlichen Existenz stellte."[61]

M. Gorbatschow in einem Vortrag an der amerikanischen Universität in Ankara:
„Mein Lebensziel war die Zerschlagung des Kommunismus, der eine unerträgliche Diktatur über das Volk ist. In dieser Haltung hat mich meine Ehefrau unterstützt und bestärkt, die diese Meinung schon früher als

ich hatte. Am meisten konnte ich dafür in den höchsten Funktionen tun. Deshalb empfahl meine Frau Raissa mir, mich um immer höhere Funktionen zu bemühen. Als ich den Westen persönlich kennengelernt hatte, war meine Meinung unumkehrbar. Ich mußte die gesamte Führung der KPdSU und der UdSSR entfernen. Ich mußte auch die Führung in allen sozialistischen Staaten beseitigen. Mein Ideal war der Weg der sozialdemokratischen Parteien.

Die Planwirtschaft hat die Völker so gebunden, daß sie sich nicht entfalten konnten. Nur der Markt kann zu ihrer Entfaltung führen. Ich fand für dieselben Ziele Mitarbeiter. Es waren vor allem Jakowlew und Schewardnadse, die gewaltige Verdienste an der Niederwerfung des Kommunismus haben ...

Ich hatte den Wunsch, die UdSSR in den bestehenden Grenzen zu erhalten, das aber mit einer anderen Bezeichnung, als demokratischen Staat. Das ist mir nicht gelungen. Jelzin strebte krankhaft nach der Macht. Von einem demokratischen Staat hatte er keine Vorstellung. Er löste die Union der Sozialistischen Sowjetrepubliken auf, und dadurch entstanden Wirren und alle möglichen Schwierigkeiten. Rußland ist ohne die Ukraine, Kasachstan und die kaukasischen Staaten keine Weltgroßmacht.“[62]

XI. Zum Modell des Aufbaus einer alternativen Gesellschaft in der DDR

Zur gesellschaftlichen Bewertung

Einschätzung der „Entstehung und Entwicklung des Wirtschaftssystems der DDR nach dem Zweiten Weltkrieg" im Bericht des Bundesministeriums für innerdeutsche Beziehungen „Zur Lage der Nation", 1987 (Autor K. C. Thalheim):

„Die Wirtschaft der DDR ist, wie es in ihrer Verfassung festgeschrieben ist, ‚sozialistische Planwirtschaft'. Die geistigen Grundlagen dieses Wirtschaftssystems liegen im Marxismus-Leninismus. Danach ist die wichtigste Voraussetzung der Verwirklichung des Sozialismus die ‚Vergesellschaftung der Produktionsmittel'. Die wichtigste der Formen der ‚Vergesellschaftung' – in der DDR das ‚Volkseigentum' – trägt eindeutig den Charakter von Staatseigentum. Trotz der fast völligen Sozialisierung gibt es in der DDR noch immer soziale Unterschiede. Diese werden von der SED damit erklärt, daß die DDR noch nicht das Stadium des Kommunismus erreicht habe, sondern dabei sei, die ‚entwickelte sozialistische Gesellschaft' zu schaffen, für die das ‚ökonomische Grundgesetz des Sozialismus' gilt. Das zweite Gundgesetz des marxistisch-leninistischen Sozialismus ist die zentrale Planung."[63]

*K. Steinitz, Wirtschaftswissenschaftler, in „Das Schei-
tern des Realsozialismus:*

„Der Zusammenhang zwischen der Herstellung der
Waren und den zu befriedigenden Bedürfnissen soll
demnach (nach Marx) direkt unter Umgehung des
Wertes und des Marktes hergestellt werden. Die Bedingungen, unter denen sich der Realsozialismus entwickelt hat – arbeitsteilige Produktion relativ selbstän-
diger Wirtschaftseinheiten (Betriebe), unzureichendes
Produktivkraftniveau für eine volle Bedürfnisbefriedi-
gung u. a. – erfordern jedoch eine Planung der Produktion und der Verteilung der Güter unter Nutzung der
Wert- und Marktkategorien. Inwieweit und wann eine
Planung der Produktion der Güter direkt nach den in
ihnen enthaltenen Arbeitszeiten und unter Umgehung
der Kategorien des Wertes und des Marktes in einer
späteren Entwicklungsphase der auf Gemeineigentum
beruhenden Gesellschaft möglich sein wird, bleibt m.
E. eine offene Frage, die heute nicht zu entscheiden
ist."[64]

*Zur gesellschaftspolitischen Bewertung des in der DDR
praktizierten Modells der Gesellschafts- und Wirtschaftsentwicklung in der Zeitschrift UTOPIE kreativ
der Rosa-Luxemburg-Stiftung Nr. 133:*
„Trotz grundlegender Probleme muß man deutlich ...
der auch bei Linken anzutreffenden Auffassung wider-
sprechen, die diesen ersten Versuch zur Schaffung einer
alternativen Gesellschaft als eine ,bürokratisch zentra-

lisierte Befehlswirtschaft' oder als eine ‚bürokratische Produktionsweise mit monopolistischem Überbau' bezeichnen, die mit den Marxschen Sozialismusvorstellungen nichts gemein gehabt hätte.

Erstens kann niemand bestreiten, daß das bestimmende Motiv der Entwicklung der staatssozialistischen Wirtschaft und Gesellschaft nicht das Profitinteresse von Privateigentümern an Produktionsmitteln war, sondern die Erhöhung von Produktivität und Leistungsfähigkeit der Wirtschaft mit dem Ziel der Verbesserung der Lebensbedingungen der Bevölkerung.

Zweitens waren die Kräfte des Marktes durch das Anstreben der planmäßig-proportionalen Entwicklung auf der Grundlage des vergesellschafteten bzw. verstaatlichten Eigentums an den Produktionsmitteln weitgehend ausgeschaltet.

Drittens wurde zwar ein möglicherweise für die bestehende Realität zu stark egalitär geprägtes, aber mehr oder weniger in sich geschlossenes System der sozialen Sicherheit geschaffen, daß solche Auswüchse der kapitalistisch-marktwirtschaftlichen Ordnung wie Arbeitslosigkeit, Obdachlosigkeit, Kinderarmut, Bettelei nicht kannte.

Von grundlegender Bedeutung war dabei die den Vorstellungen der Klassiker konsequent folgende Tatsache, daß alles bzw. fast alles Produktiveigentum an Produktionsmitteln vergesellschaftet bzw. verstaatlicht war."[65]

Ausgewählte Fakten zur sozio-kulturellen Entwicklung in der DDR

Von grundlegender Bedeutung war, daß 92 Prozent der Frauen im berufsfähigen Alter tatsächlich auch berufstätig waren, wobei etwa ein Drittel auf eigenen Wunsch halbtags oder sogar nur stundenweise gearbeitet hat. Das war aber nur deshalb möglich, weil für alle Kinder zwischen drei und sechs Jahren die Möglichkeit bestand, in Kindertagesstätten gegen geringes Entgelt von Fachpersonal betreut und versorgt zu werden. Die Kinder von ein bis drei Jahren – also im Babyalter – konnten auf Wunsch der Familien tagsüber in Kinderkrippen betreut werden, was für etwa 80 Prozent trotz des gesetzlich garantierten einjährigen Babyurlaubs für die Mutter in Anspruch genommen wurde. Bis zur vierten Klasse war die Ganztagsschule Realität für alle Kinder. Das war die entscheidende gesellschaftliche und materielle Voraussetzung dafür, daß – wie im Bericht des Ministeriums für innerdeutsche Beziehungen ‚Zur Lage der Nation im geteilten Deutschland‘ von 1987 festgestellt wurde – die Geburtenquote je Einwohner in der DDR ab 1978 um 46 Prozent höher lag als in der damaligen Bundesrepublik.[66]

Westdeutsche Politiker zu beispielhaften gesellschaftspolitischen Leistungen der DDR

Der sächsische Ministerpräsident G. Milbradt hat sich öffentlich dafür ausgesprochen, „bei Bildungsreformen auch Elemente des DDR-Schulsystems zu berücksichtigen". So sei im alten DDR-System der Kindergarten in das Bildungssystem integriert worden. Die Vorkenntnisse der Grundschüler seien besser gewesen.

Aus dem Leitantrag der SPD an den Parteitag in Magdeburg 2002:
„Der Versorgungsgrad für unter 3jährige Kinder in Kinderkrippen in den neuen Bundesländern beträgt 36,3 Prozent (alte Bundesländer 4,8 Prozent); für Kinder im Alter von 6-10 Jahren 47,7 Prozent (alte Bundesländer 5,9 Prozent)."

R. Schmidt, Familienministerin in der rot-grünen Koalition, sagte im Bundestag bei der Begründung von ihr vorgelegter Vorschläge zur Vorschulerziehung:
„Wenn die BRD das bisherige Entwicklungstempo beibehält, dann dauert es noch 160 Jahre, bis in den alten Bundesländern das Niveau der DDR von 1989 erreicht wird."

Familienministerin U. von der Leyen sagte der „Sächsischen Zeitung":

„Die neuen Bundesländer haben durchschnittlich für rund 40 Prozent aller Kinder unter drei Jahren Betreuungsangebote, das ist wirklich vorbildlich."

U. Müller schrieb in seinem Buch „Supergau deutsche Einheit":

„1980 brachte jede ostdeutsche Frau durchschnittlich fast zwei Babys auf die Welt, bei ihren Schwestern im Westen waren es rechnerisch nur 1,4. Das war die höchste Geburtenziffer, die im letzten Vierteljahrhundert in Deutschland überhaupt registriert worden ist."[67]

Bundesgesundheitsministerin U. Schmidt will bei ihren Reformplänen auch die Erfahrungen des DDR-Gesundheitswesens berücksichtigen. So sollen nach dem Vorbild der Polikliniken (in der DDR) bundesweit Gesundheitszentren eingerichtet werden. „Das ist auch ein Weg für den Westen."

Ch. Matschie, zeitweise Staatssekretär im Ministerium für Bildung und Vorsitzender der SPD Thüringens, in einem Zeitungsinterview 2004:

„Die wissenschaftliche Ausbildung war in der DDR besser organisiert."
Und in der Tat: Abitur nach 12 Jahren, mit 18/19 Jahren

Aufnahme eines gebührenfreien Studiums, mit 23/25 Jahren Eintritt in das Berufsleben mit garantiertem Arbeitsplatz.

Der Präsident des Deutschen Olympischen Sportbundes, T. Bach hat im Jahr 2002 „erneut den Ausbau des Netzes von Sport-Eliteschulen gefordert, das auf den Kinder- und Jugendsportschulen der DDR basiert. ... Nur so können wir unseren internationalen Standard halten oder gar ausbauen."[68]

Regine Hildebrandt, langjährige Ministerin im Land Brandenburg, in einem Presseinterview anläßlich ihres sechzigsten Geburtstages im April 2002:
„,Haben Sie sich irgendwann ganz von der DDR verabschiedet?'
,Soll ich Ihnen mal was sagen? Ich habe mich nicht verabschiedet, weil ich da nie angekommen war. Aber ich habe Dinge in der DDR begrüßt, nachdem sie weg war. Zu DDR-Zeiten konnten die Brüder machen, was sie wollten. Es war falsch. Wenn sie flächendeckend Kinderkrippen eingerichtet haben, haben wir gesagt, das machen die ja nur, damit sie die Kinder ganz früh ideologisch beeinflussen können. So blöde waren wir. Und dann bemühe ich mich, in der Bundesrepublik klar zu machen, daß Kinderbetreuung da sein muß, wenn man will, daß Frauen gleichberechtigt erwerbstätig sein können. Und mir wird erzählt, wie das den Kindern

schadet. Na, das weiß ich besser. Und Frauenförderung ist jetzt was, wofür du dir die Finger wundschreibst. Ich wollte nie, daß die DDR mich in irgendeiner Weise beeinflußt. Und als sie weg war, habe ich gemerkt, wie sehr sie mich beeinflußt hat.'

,Wie denn?'

,Man hat es einfach im Kopf, immer ans Kollektiv zu denken, an die Leute zu denken – daß alle mitkommen, daß keiner durch den Rost fällt. Das hat man so drin. Auch die Form von Dünkellosigkeit.'"

Richard von Weizsäcker, Altbundespräsident:
„Im Zeichen der Vereinigung will die stark gewordene alte Bundesrepublik ihre bewährte Geschichte schützen und fortführen. Das soll durch die Geschichte der Deutschen Demokratischen Republik möglichst nicht gestört werden." Die logische Fortführung dieses Gedankens bedeutet: Beide Erbteile gehören zum Ganzen. Nur dann können wir eins werden, wenn wir uns auch im Verständnis der Vergangenheit vereinigen.[69]

In der Berliner Zeitung, 2007:
Der designierte Chef der neuen Linkspartei hat es als historischen Fehler bezeichnet, daß die SPD sich nach 1990 nicht für ehemalige SED-Mitglieder geöffnet hat. Eine Fusion seiner Partei mit der SPD sei nun auf lange Sicht ausgeschlossen, sagte er der Berliner Zeitung.[70]

XII. Verleumder, Brunnenvergifter, Kalte Krieger?

A. Baring, Politikwissenschaftler, 1991:
„Das Regime (gemeint ist die DDR) hat fast ein halbes Jahrhundert die Menschen verzwergt, ihre Erziehung, ihre Ausbildung verhunzt. ... ob sich heute dort einer Jurist nennt oder Ökonom, Pädagoge, Psychologe, Soziologe, selbst Arzt oder Ingenieur, das ist völlig egal; sein Wissen ist auf weiten Strecken unbrauchbar."[71]

W. J. Siedler, Publizist und Verleger, 1991:
„In der alten DDR herrschte im Grunde, wie man es früher formuliert hätte, polnische Wirtschaft. Als Variation davon hat mir neulich jemand, die Provokation auf die Spitze treibend, gesagt: Und aus den Menschen dort sind weithin deutsch sprechende Polen geworden."[72]

J. Schönbohm, brandenburgischer Innenminister, zitiert in der „Berliner Zeitung" 2005:
„... ein Mann der unmißverständlichen Worte spricht von der Schuldenlast des SED-Regimes und dessen erzwungener Proletarisierung und macht damit genau diese für die Verwahrlosung und Gewaltbereitschaft im heutigen Osten verantwortlich."[73]

E. Stoiber, ehemaliger bayrischer Ministerpräsident,
auf einer Wahlkundgebung der CSU, 2005:
„... Der Osten dürfe nicht noch einmal die Wahl entscheiden. Wir haben leider nicht überall so kluge Be-
völkerungsteile wie in Bayern.“[74]

M. Sabrow, „Leiter einer Kommission zur Aufarbei-
tung der DDR-Geschichte“, in einem Presseinterview:
Frage: Was ist mit der Formulierung, „Alltag in der
durchherrschten Gesellschaft“ im Gutachten gemeint?
„Wir verstehen darunter die Alltäglichkeit von Anpassung, Widerstand, Ohnmacht, Repression und Begeisterung in einer bis in die Tiefe politisch durchdrungenen
Gesellschaft. Mit einem solchen Alltagsbegriff versuchen wir zu verhindern, daß nostalgische und kommer-
zielle DDR-Vermarkter sich der Erinnerung an den
Alltag in der DDR bemächtigen und deren Erinne-
rungsbild in ein staatliches Diktaturgedenken und
private Lebenserinnerungen zerfällt. Wenn die öffentliche Aufarbeitung den Kontakt zur historischen
Wissenschaft nicht verlieren will, muß sie akzeptieren:
Aus den Machtmechanismen des Regimes allein kann
die DDR nicht verstanden werden ... Wer Stabilität
und Untergang dieser Diktatur begreifen und im Ge-
schichtsunterricht ... vermitteln will, muß zugleich die
alltägliche Interaktion von Herrschaft und Gesellschaft
in den Blick nehmen. Und damit die Gemengelage von
Akzeptanz und Auflehnung, Begeisterung und Verach-
tung, mißmutiger Loyalität und Nischenglück, die das
Leben in der Diktatur ausmachte.“[75]

XIII. Arm und Reich

Erhebung des Statistischen Bundesamtes, 2005:
„Demnach lag der durchschnittliche Jahresverdienst von Vollzeitarbeitnehmern im Osten bei 29.325 Euro brutto. Im Westen waren es im Schnitt 41.068 Euro brutto pro Jahr. ‚Damit lagen die Ostverdienste im Jahre 2004 – wie schon 2003 – bei rd. 71 Prozent des Niveaus im früheren Bundesgebiet'. ... seitdem schließt sich die Schere kaum.
Nach Angaben der Hans-Böckler-Stiftung sind die niedrigeren Bruttoverdienste in den Ländern vor allem auf eine geringere Tarifbindung zurückzuführen. Die Tariflöhne im Osten lägen durchschnittlich bei 94 Prozent des Westniveaus. In den neuen Ländern seien nur rund die Hälfte der Beschäftigten tarifgebunden."[76]

Angaben der Gesellschaft für Konsumforschung (GdK), 2005:
Im Hochtaunuskreis hätten die Bürger pro Kopf 25.100 DM an verfügbaren Einkommen pro Jahr. Kein einziger Landkreis in den neuen Ländern erreicht bei der Kaufkraft der Studie zufolge auch nur den Bundesdurchschnitt. ... Die zwanzig kaufkraftschwächsten Regionen lägen ausschließlich in den neuen Ländern.[77]

Nach Angaben der Deutschen Bundesbank, Juli 2006:
Die unteren 50 Prozent der Haushalte verfügen über etwas weniger als 4 Prozent des gesamten Nettovermögens. Auf das oberste Zehntel entfallen knapp 47 Prozent des gesamten Nettovermögens. In Westdeutschland verfügte ein Drittel, in Ostdeutschland 42 Prozent aller Haushalte lediglich über Geldvermögen in Höhe bis zu 10.000 Euro.

Laut Armuts- und Reichtumsbericht der Bundesregierung, Materialband 90, ergibt sich für die westdeutschen Haushalte im Durchschnitt ein Vermögensbestand von ca. 235.000 Euro netto, während er für Ostdeutschland 78.000 Euro beträgt. Das sind 37 Prozent.

Angaben zum äquivalenzgerichteten Einkommen:
Das sogenannte äquivalenzgerichtete Einkommen pro Monat lag nach dem Jahresgutachten der fünf Weisen von 1998 im Vergleich zum früheren Bundesgebiet in den neuen Bundesländern bei 78 Prozent. (Äquivalenzgerichtetes Einkommen wird aus der Summe mehrerer gewichteter Einkommensfaktoren berechnet.)

Antwort des Bundesfinanzministeriums auf eine Anfrage im Bundestag 2006:
Im Jahre 2005 lagen die Pro-Kopf-Einnahmen aus der Einkommens- und Körperschaftssteuer im Osten nicht

einmal bei 40 Prozent des Durchschnittsaufkommens aller Länder. Während Sachsen-Anhalt bei der originären Steuerkraft nur auf 33,1 kommt, beträgt sie in Hessen 129,1 Prozent.[78]

Das Institut der deutschen Wirtschaft, Köln, hat im Jahr 2002 eine Untersuchung zum Wohlstandsgefälle West-Ost vorgelegt:
Bei einem Richtwert von 100 für das gesamte Bundesgebiet liegen Hamburg mit 118 Punkten und Baden-Württemberg mit 115 vorn. Das schwächste Altbundesland, Saarland, liegt bei 97 Punkten. Mit weitem Abstand folgt Thüringen mit 75 Punkten, und danach die anderen neuen Bundesländer.

G. Faul, Journalist, Nürnberg, faßte seine umfangreichen wissenschaftlichen Recherchen zu Arm und Reich in einem Pressebeitrag wie folgt zusammen:
„Das Einkommen aus Vermögen wächst seit 1980 doppelt so schnell wie die Gehälter. Die angehäuften Werte von Privatleuten und Betrieben betragen rund zehn Billionen Euro. Das durchschnittliche Vermögen eines Privathaushaltes belief sich 2003 auf 133 000 Euro (Ost 59 600 Euro, West 149 000 Euro). Immobilien und Bankguthaben sind die bevorzugten Geldanlagen.
Bei der Verteilung der Vermögen ergibt sich eine klare Aufspaltung. Die Hälfte der Haushalte besitzt vier Prozent des Gesamtvermögens ohne Betriebe. Das obere

Zehntel verfügt dagegen über 47 Prozent des Nettovermögens – durchschnittlich 624 100 Euro. ...

Reichtum wird heute überwiegend geerbt – pro Jahr rund 50 Milliarden Euro. Die Besteuerung von geerbten oder geschenkten Vermögen ist in Deutschland im EU-Vergleich extrem niedrig. Für Ehegatten sind bis zu 307.000 Euro an Werten steuerfrei, für ein Kind 205.000 Euro. Die Freibeträge werden nach zehn Jahren erneuert.

Armut wird im Verhältnis zum gesellschaftlichen Wohlstand gemessen. Als Schwelle gilt ein Nettoeinkommen von 60 Prozent des Durchschnittes. In Deutschland liegt diese Grenze laut Armutsbericht der Bundesregierung bei 938 Euro für einen Erwachsenen. 2003 lebten elf Millionen Menschen in Deutschland in Armut. Ohne staatliche Sozialleistungen würden 41,3 Prozent der Bevölkerung unter der Armutsgrenze leben. Mehr als drei Millionen Haushalte sind überschuldet. ... Knapp 24 Prozent der Alleinerziehenden erhielten Sozialhilfe. 1,1 Millionen Kinder unter 18 Jahren waren von der Sozialhilfe abhängig."[79]

XIV. Über die Zukunft der neuen Bundesländer

W. Thierse, Präsident, jetzt Vizepräsident des Deutschen Bundestages, zur Ostförderung:
„Wenn alle fordern, daß gespart wird und keine neuen Schulden gemacht werden, kann man nicht sagen: Für den Osten gilt das nicht", sagte er der „Thüringer Allgemeinen". Thierse setzt auf verstärkte Zahlungen aus dem Solidarpakt II in den ersten Jahren. Der Solidarpakt II gilt von 2005 bis 2019. Seine Warnung, daß der „Osten auf der Kippe stehe", sieht der SPD-Vize bestätigt. „Es macht in diesem Punkt kein Vergnügen, Recht zu behalten; aber meine Warnung war begründet", sagte er dem „Freien Wort" Suhl.[80]

M. Stolpe, ehemaliger brandenburgischer Ministerpräsident und Bundesverkehrsminister, im September 2003:
Der Traum von einer schnellen Angleichung der Lebensbedingungen zwischen Ost und West muß nach seiner Einschätzung „endgültig begraben werden."[81]

J. Gauck, Pfarrer, ehemaliger Bundesbeauftragter für die Unterlagen des Staatssicherheitsdienstes, 2004:
„Man müsse in Deutschland den Mut haben zu sagen,

daß im Osten einige Landstriche voraussichtlich für lange Zeit veröden werden."

Gleichzeitig warnte er davor, Ostdeutschland in einer emotionsgeladenen Debatte als Sündenbock für die wirtschaftliche Krise in Deutschland darzustellen.[82]

W. Tiefensee, Bundesverkehrsminister und zuständig für die neuen Länder, in der Presse:

Er gehe davon aus, daß der Aufbau Ost auch nach dem Auslaufen des Solidarpaktes II im Jahre 2019 nicht abgeschlossen ist. Es bedarf noch mindestens 15 bis 20 Jahre großer Anstrengungen, bis im Osten die wirtschaftliche Wende erreicht ist.[83]

E. Most, ehemaliger Vizepräsident der Staatsbank der DDR und langjähriges Vorstandsmitglied der Deutschen Bank, in einem Pressebeitrag:

„Bei all den erreichten Fortschritten in Ostdeutschland muß deutlich festgehalten werden: Einen Aufholprozeß Ost in den wichtigsten volkswirtschaftlichen Eckpunkten hat es trotz hoher finanzieller Transferleistungen seit Mitte der 90er Jahre nicht gegeben, und auch jetzt schätzen 80 Prozent der Ostdeutschen ein, daß sich bei einem bleibenden Wirtschaftsboom für sie die Lage nicht oder nur unwesentlich verändern wird. Das Demokratie- und Freiheitsverständnis beruht aber auf der Grundlage gleicher Lebensbedingungen, und die sind eben im Osten Deutschlands nur punktuell gegeben. Mir ist auch nicht klar, wie das bis 2019 mit dem Ende des Solidarpaktes II gelöst sein soll."[84]

Vorliegende statistische Unterlagen besagen:
Über 2,5 Mio. meist arbeitsfähige junge Menschen, darunter viele junge Frauen, haben ihre ostdeutsche Heimat verlassen, da sie keine wirtschaftliche und soziale Perspektive hatten. Das sind mehr als in der Zeit der offenen Grenze bis 1961 die DDR verlassen haben. Einschätzungen besagen, daß selbst bei positiven Annahmen (Geburtenentwicklung, Lebenserwartung, Wanderungssaldo) die Bevölkerung und die Zahl der Erwerbstätigen in Ostdeutschland um weitere 1,5 Mio. Menschen abnimmt. Politiker der führenden Parteien räumen zuweilen ein, daß Ostdeutschland ein bevölkerungspolitisch, ökonomisch und sozial von Auszehrung geprägter Landstrich sein wird. Das mag man beklagen. Das Problem besteht auch darin, daß nachhaltige Konzepte für eine Weichenstellung nicht erkennbar sind. Das macht der vom zuständigen Minister kürzlich vorgelegte Jahresbericht zur deutschen Einheit erneut offensichtlich.

Landesbischof J. Bohl in der Nikolaikirche Leipzig:
„Das wachsende Wohlstandsgefälle in Deutschland verletzt das Gebot der Gerechtigkeit und gefährdet den Zusammenhalt im Land. Eine Gesellschaft, die dauerhaft Menschen ausschließt, wird zerfallen."[85]

XV. Über die Zukunft des Sozialismus

*N. Gordimer, Schriftstellerin und Nobelpreisträgerin,
2000, in einem Spiegel-Gespräch:*
„Spiegel: Wie viele Intellektuelle waren Sie von sozia-
listischen Ideen beeinflußt. Nun ist der Sozialismus tot.
Bedauern Sie das?
Gordimer: Ich möchte einmal den Sozialismus mit dem
Christentum vergleichen. In seinem Namen ist auch
Fürchterliches geschehen ... Doch die Ideale des Chri-
stentums existieren weiter.
Und Sie glauben das Gleiche vom Sozialismus?
Ja. Den Sozialismus haben machthungrige Führer
mißbraucht. Aber wie lange ist er ausprobiert worden,
in wie vielen Ländern hatte er eine Chance? Ich glaube,
daß wir aus den schlimmsten Fehlern des Sozialismus
und den schlimmsten Fehlern des Kapitalismus lernen
müssen, wenn wir eine bessere Gesellschaft errichten
wollen."

*E. Bahr über den Sozialismus des 20. Jahrhunderts und
die Meinung F. Mitterands dazu:*
„Daß Sozialismus als Programm an der Wirklichkeit
gescheitert ist, hat Mitterand geleugnet; er beharrte
darauf, daß die regierenden Kommunisten gescheitert
sind samt ihrem mißbräuchlich usurpierten Sozialis-

mus. Sozialismus als Idee kann ebensowenig untergehen wie der Traum von der Gerechtigkeit in der Gesellschaft oder der Freiheit, Gleichheit und Brüderlichkeit, die gegeneinander ausgewogen werden müssen, in jeder Generation neu, und denen man zustrebt, ohne sie je voll verwirklichen zu können."[86]

R. Overy, Prof. an der HU Berlin, Experte für deutsch-russische Beziehungen, in seinem Buch „Die Diktatoren":
Er betont den fundamentalen Unterschied, der trotz aller Parallelen in der Herrschaftsausübung in den gesellschaftlichen Zielvorstellungen bestand. „Stalin wollte die sowjetische Bevölkerung dazu bringen, eine sozialistische Zukunft aufzubauen, die Gleichheit und Freiheit für alle Menschen bereithalten würde."
Hitlers Ziel war die Errichtung eines „Imperiums der Herrenrasse, erstanden aus dem Blutbad des Krieges."
... Den Grund für den Sieg der Sowjetunion sieht er nicht nur in ihrer moralischen Überlegenheit gegenüber den Aggressoren, sondern auch darin, daß sie es besser als ihr Gegner verstand, ihre Ressourcen zu mobilisieren.[87]

H. Geißler, 1977 bis 1989 CDU-Generalsekretär, in einem Presseinterview 2006:
„Sozialismus und Kapitalismus sind in gleichem Maße gescheitert." Für eine Auseinandersetzung mit dieser

Politik fehle der CDU-Führung wohl die Einsicht, aber auch der Mut zu akzeptieren, daß der Kapitalismus genau so falsch ist wie der Sozialimus.

E. Bahr in einem Presseinterview 2001:
„Das gegenwärtige Zentralproblem unserer Welt ist doch, daß die Maschinen immer weniger Menschen brauchen, um immer mehr zu produzieren. Darauf gibt es bisher keine Antwort. Amerika kennt sie nicht, Europa nicht, Deutschland nicht. Alle versuchen sich auf irgendeine Weise durchzuhangeln, bis sie zu einem Gesellschaftsbild kommen, das auf diese Probleme eine Antwort gibt. Wenn Europa es schafft, mit Rückgriff auf seine Tradition ein eigenes Modell zu entwickeln, wäre es doch prima. Dann könnten andere Weltteile sich das anschauen und entscheiden, ob sie den American way of life oder European way of life wollen."

A. Einstein in einem Beitrag für die New Yorker Zeitschrift „Monthly Review", 1949:
„Warum Sozialismus? Privates Kapital tendiert dazu, in wenigen Händen konzentriert zu werden – teils aufgrund der Konkurrenz zwischen den Kapitalisten und teils, weil die technologische Entwicklung und die wachsende Arbeitsteilung die Entstehung von größeren Einheiten auf Kosten der kleineren vorantreiben. Das Ergebnis dieser Entwicklung ist eine Oligarchie von privatem Kapital, dessen enorme Kraft nicht einmal

von einer demokratisch organisierten politischen Gesellschaft überprüft werden kann ... Die Produktion ist für den Profit da – nicht für den Bedarf. Es gibt keine Vorsorge dafür, daß all jene, die fähig und bereit sind zu arbeiten, immer Arbeit finden können. Es gibt fast immer ein ‚Heer von Arbeitslosen'. Der Arbeiter lebt dauernd in der Angst, seinen Job zu verlieren. ... Unbegrenzte Konkurrenz führt zu einer riesigen Verschwendung von Arbeit und zu dieser Lähmung des sozialen Bewußtseins von Individuen ... Ich bin davon überzeugt, daß es nur einen Weg gibt, dieses Übel loszuwerden, nämlich den, ein sozialistisches Wirtschaftssystem zu etablieren, begleitet von einem Bildungssystem, das sich an sozialistischen Zielsetzungen orientiert, in solch einer Wirtshaft gehören die Produktionsmittel der Gesellschaft selbst und ihr Gebrauch wird geplant. Eine Planwirtschaft, die die Produktion auf den Bedarf der Gemeinschaft einstellt. ... Dennoch ist es notwendig festzuhalten, daß eine Planwirtschaft noch kein Sozialismus ist. Sozialismus erfordert die Lösung einiger äußerst schwieriger soziopolitischer Probleme. Wie ist es angesichts weitreichender Zentralisierung politischer und ökonomischer Kräfte möglich, eine Bürokratie daran zu hindern, allmächtig und maßlos zu werden? Wie können die Rechte des Einzelnen geschützt und dadurch ein demokratisches Gegengewicht zur Bürokratie gesichert werden? In unserem Zeitalter des Wandels ist Klarheit über die Ziele und Probleme des Sozialismus von größter Bedeutung."[88]

K. Morgenstern, Wirtschaftswissenschaftler, in einem Pressebeitrag „Nachdenken über alternative Wege":
„Daß pure Profitmacherei und Marktradikalismus die Wurzel allen Übels sind, wird zunehmend erkannt. ... Offensichtlich besteht die Aufgabe darin, die gesellschaftliche Steuerung und Kontrolle ökonomischer Grundprozesse und -richtungen mit zweckgerichteter Nutzung von Marktimpulsen und -instrumenten zu verbinden. Geld und Markt, weit vor dem Kapitalismus herausgebildet, und noch auf unabsehbare Zeit existent, können unter veränderten gesellschaftlichen Verhältnissen für rationelles Wirtschaften, äquivalenten Austausch und materielle Anreize (neben ideellen) in einer dem Gemeinwohl verpflichteten Gesellschaft wirksam werden. ...
Ein zentraler Punkt ist das richtige Verständnis der Natur des Menschen als biologisches und soziales Wesen. Visionen laufen ins Leere, wenn biologisch bedingte Wesenseigenschaften und Verhaltensweisen negiert und unterschätzt werden."[89]

H. Chávez, Präsident Venezuelas, hat im Januar 2007 seinen Eid für die Amtsperiode 2007 bis 2013 abgelegt:
In seiner Rede kündigte Chávez an, „ein sozialistisches Projekt aufzubauen mit den zentralen Werten Gleichheit, Gerechtigkeit und Solidarität".

K. Kautsky in „Die Diktatur des Proletariats":

„Genau genommen ist nicht der Sozialismus unser Endziel, sondern dies besteht in der Aufhebung jeder Art von Ausbeutung und Unterdrückung, richte sie sich gegen eine Klasse, eine Partei, ein Geschlecht, eine Rasse. ... die sozialistische Produktionsweise setzen wir uns in diesem Kampf deshalb als Ziel, weil sie bei den heute gegebenen technischen und ökonomischen Bedingungen als das einzige Mittel erscheint, unser Ziel zu erreichen. Würde uns nachgewiesen, daß wir darin irren, daß etwa die Befreiung des Proletariats und der Menschheit überhaupt auf der Grundlage des Privateigentums an Produktionsmitteln allein oder am zweckmäßigsten zu erreichen sei ... dann müßten wir den Sozialismus über Bord werfen, ohne unser Endziel im geringsten aufzugeben. Ja, wir müßten es tun, gerade im Interesse dieses Endzieles."

Mit diesem Zitat von K. Kautsky schließt F. Oppenheimer das erste Kapitel seiner Schrift „Kapitalismus, Kommunismus, wissenschaftlicher Sozialismus", erschienen 1991, ab. Und er schreibt dazu: „Klarer kann nicht zwischen Ziel und Mittel unterschieden, kann nicht ausgesprochen werden, daß das Mittel nur im Hinblick auf das Ziel überhaupt von Gewicht ist. Das Ziel ist bezeichnet, ein Hochziel der Menschheit, die Insel der Rettung im brandenden Meer. Wo führt der Weg zu diesem Ziel?"[90]

XVI. Das neoliberale Konzept ist bankrott

J. Stiglitz, Nobelpreisträger, Chefberater der Clinton-Regierung und zeitweise Chefökonom der Weltbank, in einem Presseinterview 2007:

„Es gibt viele Herausforderungen, die wir in kürzester Zeit angehen müssen. 40 Prozent der Weltbevölkerung lebt immer noch von weniger als zwei Dollar am Tag, eine Milliarde Menschen hat sogar weniger als einen Dollar am Tag zur Verfügung."

Frage: Wenn man Ihr Buch liest, dann bekommt man den Eindruck, als habe ein marktradikales Wirtschaftsparadigma endgültig ausgedient. Erleben wir gerade den Niedergang der neoliberalen Ära?

„Es ist vielleicht verfrüht, von einem Ende der neoliberalen Ära zu sprechen. Aber ein echter Erfolg der weltweiten Demokratisierungswellen besteht gerade darin, daß der neoliberale Ansatz mittlerweile auch in vielen Entwicklungsländern per Wahlentscheid zurückgewiesen werden kann. ... Und das passiert gerade in vielen Ländern auf der ganzen Welt. Und auch konservative Politiker bei uns im Westen zeigen sich mittlerweile darum bemüht, Härten abzufedern ... Die wichtigste Reform, die wir vorantreiben müssen, ist die Demokratisierung der Globalisierung. Denn wenn die Stimmen der Betroffenen besser gehört werden, dann werden die Spielregeln der Globalisierung auch umgeschrieben."[91]

R. F. Kennedy, Bruder von J. F. K., US-amerikanischer Politiker, im April 1968, kurz vor seiner Ermordung:
„Manche suchen nach Sündenböcken, andere nach Verschwörungen, aber so viel sollte klar sein: Aus Gewalt entsteht Gewalt; Unterdrückung zieht Vergeltung nach sich; und nur die Säuberung einer ganzen Gesellschaft kann diese Krankheit aus unserer Seele entfernen."[92]

H. Köhler, damals Direktor des Weltwährungsfonds, auf dem Weltwirtschaftsforum 2002 in New York:
„Die Gesellschaft in den reichen Ländern ist zu egoistisch, um Vorteile aufzugeben. Die Leute müssen aber einsehen, sie können so nicht weitermachen. Die reichen Länder müssen Subventionen abbauen, besonders für Baumwolle, Textilien und Agrarprodukte." Die Entwicklung könne nicht dahin gehen, daß die großen Elefanten, die USA und die EU, Absprachen treffen und die Entwicklungsländer das Nachsehen haben.
„Wenn die reichen Nationen mit der Globalisierung wirklich ernst machen wollen, dann dürfen sie kein business as usual mehr betreiben."[93]
Die vorbehaltlose Kritik am amerikanischen Protektionismus wurde selbst vom Publikum im Waldorf Astoria mit tosendem Beifall quittiert, sogar von jenen, die zu den größten Nutznießern der Subventionen, Zölle und Einfuhrbeschränkungen zählen.

Die neueste Zählung des US-Wirtschaftsmagazins Forbes der reichsten Menschen der Erde enthält folgende Angaben:
Neben Gates und Buffett stehen noch weitere 944 Milliardäre auf der Forbes-Liste. Insgesamt werden die Reichen immer reicher: Gemeinsam besitzen sie 3,5 Billionen Dollar. Das sind 35 Prozent mehr als im vergangenen Jahr. Fast die Hälfte, nämlich 415 der Reichsten der Reichen, leben in den USA. Auf Rang zwei liegt schon Deutschland mit 54 Milliardären.[94]

F. Hitzer, Buchautor und Übersetzer, München, 2006, in einem Pressebeitrag:
„Wir sind Strategien ausgesetzt, die alle sozialstaatlichen Ordnungen aushöhlen und die Beherrschung der Welt über Finanzmärkte und unbegrenzten Freihandel durchsetzen sollen. Mahatma Gandhis Worte dazu lauteten Mitte des 20. Jahrhunderts: ‚Die sieben Todsünden in der heutigen Welt: Reichtum ohne Arbeit, Genuß ohne Gewissen, Wissen ohne Charakter, Geschäft ohne Moral, Wissenschaft ohne Menschlichkeit, Religion ohne Opfer, Politik ohne Prinzipien.' ...
Die Weltelite aus Politik und Wirtschaft, Wissenschaft und Meinungsnetzwerken war sich nämlich schon 1995 in San Francisco darin einig, daß nur noch 20 Prozent der Menschheit nötig seien, um Produktion und Dienstleistungen profitabel zu gestalten. Die Trennlinie zwischen nützlichen und überflüssigen Menschen verläuft einerseits zwischen der ‚Goldenen Milliarde' des We-

stens und dem Rest – nach einer bekannten Formel: The West and the Rest – was fünf Milliarden einer im Elend versinkenden Welt meint. Andererseits verläuft die Trennlinie auch durch die Gesellschaften in den Zentren des Reichtums selbst."[95]

H. Geißler, CDU-Politiker, zeitweise Generalsekretär der CDU, auf dem 55. Deutschen Anwaltstag in Hamburg 2004:
„So kann es nicht weitergehen." Denn die Antwort der westlichen Gesellschaften auf eine globalisierte Welt ohne Regeln, eine Welt der Anarchie, deren Teil die Terroristen sind, heiße Shareholder Value und politisch Krieg. Das führe zur „Zerstörung der Freiheit von immer mehr Menschen". Die USA und Großbritannien hätten in Irak nahezu alle völkerrechtlichen Regeln und Gesetze des Krieges aufgegeben. Geißler beklagte den Verlust des „ethischen Kompaß", an dessen Stelle die Börsenkurse, der Dax getreten sind. „Beim Tanz um das goldene Kalb haben wir die Gesetzestafeln verloren", sagte er, und starker Beifall gab ihm Recht.[96]

H. Nick, Wirtschaftswissenschaftler, in der Berliner Zeitung:
„Zwei Monate ist es her, da erschien im Wall Street Journal ein fast historisch zu nennender Artikel. Schon der Inhalt war für das konservative Blatt ungewöhnlich, handelte sich doch um einen Aufruf zur Abschaffung

aller Atomwaffen. Geradezu sensationell waren die Namen der Unterzeichner, allen voran Henry Kissinger und George Shultz, Ex-Außenminister der USA während des Kalten Krieges. Ihre Kernthese: Die Zeit einer sinnvollen gegenseitigen nuklearen Abschreckung ist vorbei, ein weiteres Setzen auf Atomwaffen wird zunehmend wirkungsloser und riskanter.

Dieser Tage hat sich die Welt ein Stück weiter in Richtung dessen bewegt, was die Machtpolitiker Kissinger und Shultz als Abgrund zu einem neuen, gefährlichen Nuklearzeitalter bezeichnen."[97]

H. Pfeiffer, Wirtschaftswissenschaftler, Hamburg, zu einem Kernproblem der neoliberalen Weltökonomie:
„Ein Teil des Gewinns wird von den Unternehmen in aller Welt weder konsumiert noch investiert. Dadurch entsteht volkswirtschaftlich eine bedrohliche Nachfragelücke. Nach 25 Jahren friedmanscher, neoliberaler Offensive schlägt sich die Wirtschaft nun global mit etwa 9000 Hedgefonds herum, die mit geschätzten 1,3 Billionen Dollar spekulieren, und bestaunen (offizielle) Devisenreserven allein der Notenbanken von 4,7 Billionen Dollar. Zu viel Geld. Keine Regierung und keine Bank kennt die genauen Zahlen, denn nicht einmal eine Meldepflicht besteht. ... Der seit Ende des Nachkriegsbooms wachsende Überfluß an Kapital taumelt und schlingert über globalisierte Finanzmärkte und sucht vergeblich nach Befriedigung."[98]

G. Soros, weltweit agierender Finanzmanager, schreibt in seinem Buch „Die offene Gesellschaft":

Bei der Kritik an den herrschenden wirtschaftswissenschaftlichen Auffassungen sei von zwei Grundprämissen auszugehen. Erstens: Die Marktwirtschaft tendiert nicht zum Gleichgewicht und damit zur Selbstregulation, sondern zum Ungleichgewicht und damit zum Chaos. Und zweitens: Der Markt ist seinem Wesen nach instabil und „bestimmte Bedürfnisse lassen sich nicht befriedigen, indem man den Marktkräften freies Spiel gewährt". Er betrachtet den von den Neoliberalen vertretenen „Marktfundamentalismus als eine Form der Ideologie". Er bezeichnet ihn als die „größte Gefahr für die Existenz und Akzeptanz der Marktwirtschaft selbst", die er aber trotz aller Mängel für besser hält als jede Alternative.[99]

W. Huber, Berliner Bischof und EKD-Ratsvorsitzender, in einem Presseinterview 2006:

Es gebe Großkonzerne, in denen das Management Gehälter bezieht, „deren Höhe jedes normale Maß übersteigt. ... Das Durchschnittseinkommen liegt in Deutschland bei rd. 40.000 Euro im Jahr. Wenn ein Manager 20 Mio. Euro verdient, sprengt das jede Vorstellung von Gerechtigkeit." ... Huber zeigte zugleich Verständnis für die Forderung der Arbeitnehmer nach kräftigen Einkommenserhöhungen. „Man darf niemand einen Vorwurf machen, der seinen gerechten Anteil am Wirtschaftswachstum einfordert."[100]

Papst Johannes Paul II. erklärte auf seiner Nordame-
rikareise Anfang 1999:
Neoliberalismus sei ein System, „das sich auf ein von
wirtschaftlichen Aspekten dominiertes Menschenbild
stützt, das Gewinn und Marktgesetze als absolute Para-
meter ansieht auf Kosten der Menschenwürde und des
Respektes vor Personen und Völkern."

F. Hengsbach, katholischer Sozialethiker und Wirt-
schaftsfachmann, anläßlich einer Tagung der Diakonie
in Potsdam 2006:
Es sei „an der Zeit, sich zu wehren" und eine „Kultur
des zivilen Widerstandes" gegen den Abbau des So-
zialstaates zu entwickeln. Er rief zum zivilen Ungehor-
sam gegen die Wirtschafts- und Sozialpolitik in
Deutschland auf.[101]

Kardinal Lehmann in einem Interview in der Berliner
Zeitung 2007:
„Die Verteufelung des Marktes ist Quatsch, weil er eine
sonst unersetzliche Dynamik entfesseln und positive
Veränderungen bringen kann. Auch das Verfolgen eige-
ner Interessen kann man nicht einfach verdammen.
Aber wenn die entfesselten Kräfte einer Marktwirtschaft nicht gebunden und begrenzt werden, dann
kommt man zu groben Formen des Kapitalismus ohne
sozialen Ausgleich. Deshalb meine ich, daß wir viel zu
wenig tun, um die soziale Marktwirtschaft zu bewah-

ren, die in Gefahr ist, durch einen gewissen Neoliberalismus abgelöst zu werden. Die Rücksichtslosigkeit gegenüber Arbeitnehmern schlägt zum Beispiel aus dem angelsächsischen Raum stark zu uns herein. Da haben wir etwas zu verspielen – nämlich unsere mitteleuropäische Sozialkultur, die die Rechte der arbeitenden Menschen wahrt. Auch eine stärkere Beteiligung der Arbeitnehmer an den finanziellen Erfolgen war immer eine Voraussetzung dafür, daß es uns insgesamt ziemlich gut ging."[102]

R. Hochhuth, Schriftsteller, in seinem Schauspiel „McKinsey kommt":
„Demokratie impliziert Gleichheit der Rechte. Die Bürgerinnen und Bürger sind jedoch nur vor staatlichen Gesetzen gleich, vor den ‚Gesetzen' der vorherrschenden Wirtschaftsordnung sind sie jedoch kraß ungleich. Hier entscheidet nicht die Mehrheit, sondern das Eigentum. Deshalb war unsere bürgerliche Demokratie von allem Anfang an nur eine halbe. Und diese Hälfte schrumpft zusehends, je mehr die undemokratische Wirtschaft die demokratische Politik dominiert."

K. v. Dohnanyi, in einem Pressebeitrag 1999, „Die Weisheit des Marktes überschätzt":
„Wer in Freiheit lebt, ist schnell an sie gewöhnt. Doch zum Leben braucht der Mensch mehr als Freiheit: Arbeit, Sicherheit, Gerechtigkeit."

Quellen

[1] Franz Josef Strauß, Die Erinnerungen, Siedler Verlag Berlin, S. 193, 251, 493

[2] H. Pötzsch, Deutsche Geschichte von 1945 bis zur Gegenwart OLZOG Verlag 1998, S. 63

[3] H. Pötzsch, a.a.O., S. 62

[4] H. Pötzsch, a.a.O., S. 86

[5] H. Pötzsch, a.a.O., S. 122

[6] Der Neue Vorwärts, Organ der Sozialdemokratischen Partei Deutschlands v. 22. 9. 1952, abgedruckt auch in St. Heym, Fünf Tage im Juni

[7] Polizeihistorische Sammlung des Polizeipräsidenten

[8] E. Bahr, Zu meiner Zeit, K. Blessing Verlag, 1998, S. 78

[9] Prokop im Neuen Deutschland v. 12./13. 8. 2005

[10] ebenda

[11] zitiert im Tagesspiegel v. 11. 8. 2001

[12] Berliner Zeitung v. 13. 8. 2001

[13] Pötzsch, a.a.O., S. 176

[14] Analyse der ökonomischen Lage der DDR vom 30. Oktober 1989, vorgelegt im Politbüro der SED, veröffentlicht u.a. in S. Wenzel, Was war die DDR wert?, Das Neue Berlin, S. 285f

[15] zitiert in G. Gysi/Th. Falkner, Sturm auf das große Haus, Edition Fischerinsel, 1990, S. 53/54

[16] E. Bahr, a.a.O., S. 572/574

[17] in der Presse mehrfach zitiert

[18] H. Modrow, Die Perestroika, edition ost, S. 95f, 100f

[19] zitiert in Modrow, a.a.O., S. 101, 106, 112, 115

[20] Gorbatschow, Erinnerungen, Goldmann Verlag, S. 935

[21] zitiert in Modrow, a.a.O. S. 105

[22] H. Modrow, a.a.O., S. 101f, 106, 112, 115f

[23] H. Modrow, a.a.O.

[24] veröffentlicht in S. Wenzel, a.a.O.

[25] zitiert im Neuen Deutschland v. 1./2. 7. 2000, S. 17.

[26] u.a. formuliert in einem Brief vom März 1990 an alle Mitarbeiter der THA, dem sog. Osterbrief

[27] Neues Deutschland v. 1./2. 7. 2000, S. 17

[28] M. Jürgs, Die Treuhändler, Listverlag, 1997

[29] siehe Veröffentlichungen der Treuhandanstalt und BvS

[30] siehe auch S. Wenzel, a.a.O., S. 136

[31] H. Pötzsch, a.a.O., S. 256

[32] Bericht der Treuhand per 31. 12. 1994

[33] Deutschland-Papier des Willy-Brandt-Kreises, Dezember 1997

[34] Neues Deutschland v. 24. 8. 2005

[35] Die Welt v. 4. 12. 1996

[36] Die Welt v. 4. 12. 1996

[37] Handelsblatt v. 3. 4. 1996

[38] Berliner Zeitung, 2004

[39] U. Müller, Supergau deutsche Einheit, Rowohlt Berlin, 2005

[40] G. Gillen, zitiert im Neuen Deutschland, 2005

[41] zitiert im Neuen Deutschland, 4. 10. 2005

[42] S. Kupper, Wirtschaftspolitik und Wirtschaftsentwicklung, in Deutsche Zeitgeschichte von 1945 bis 2000, dietz Berlin, S. 683

[43] G. Leptin in Deutsche Wirtschaft nach 1945, UTB Leske, 1980, S. 62f

[44] IWH, Wirtschaft im Wandel, Heft 13/96. S. 2

[45] J. Staude in Neues Deutschland v. 10. 11. 04

[46] H. Tietmeyer in: Tage, die Deutschland und die Welt veränderten, edition ferenczy 1994, S. 93

[47] Berliner Zeitung v. 6. 4. 2004

[48] zitiert in M. Jürgs, Die Treuhändler, S. 371

[49] Berliner Zeitung 14./15. 8. 2005

[50] siehe G. Heske, Neue Ergebnisse einer volkswirtschaftlichen Gesamtrechnung, Köln, Zentrum für Historische Sozialforschung, 2005

[51] W. Engels, Wirtschaftswoche Nr. 9, 23. 2. 1995

[52] Tage, die Deutschland und die Welt veränderten, S. 184

[53] Deutsche Bundesbank, Selbstverlag

[54] Pressebeitrag im Neuen Deutschland v. 20. 4. 2006

[55] G. Leptin in: Deutsche Wirtschaft nach 1945, UTB Leske, S. 58

[56] Bundesarchiv SAPMO/DY 30, siehe auch Mitdank, Die Berlin-Politik, S. 41f

[57] J. K. Galbraith, Die Geschichte der Wirtschaft im 20. Jahrhundert, Hoffmann und Campe 1995, S. 253

[58] E. Hobsbawm, Das Zeitalter der Extreme, Hanser 1994, S. 316

[59] nach Manuskript

[60] Z. Brzezinski, Macht und Moral, Hoffmann und Campe 1994, S. 76

[61] Interview im Neuen Deutschland v. 23. 3. 2007, S. 3

[62] Dialog Prag Nr. 146, Oktober 1999, Übersetzung des Textes und Anmerkungen von H. J. Falkenhagen

[63] Bericht des Bundesministeriums 1987, S. 17f

[64] K. Steinitz, Das Scheitern des Realsozialismus, VSA-Verlag Hamburg, 2007, S. 71

[65] siehe Zeitschrift UTOPIEkreativ Nr. 133, 2001, S. 1023

[66] siehe Fußnote 65

[67] U. Müller, Supergau deutsche Einheit, Rowohlt Berlin, S. 96

[68] Pressemitteilung, z.B. Berliner Zeitung

[69] R. v. Weizsäcker in Drei Mal die Stunde Null? 1949-1969-1989, Berliner Taschenbuch-Verlag 2003, S. 110

[70] Berliner Zeitung v. 29. 5. 2007

[71] A. Baring in: Deutschland, was nun? Siedler Verlag Berlin 1991, S. 59

[72] W. J. Siedler, a.a.O., S. 63

[73] zitiert in der Berliner Zeitung v. 12. 8. 2005

[74] Berliner Zeitung v. 5. 8. 2005

[75] Frankfurter Allgemeine Zeitung v. 23.5.2006

[76] Erhebung des Statistischen Bundesamtes, Juli 2005

[77] Kaufkraftstudie der Gesellschaft für Konsumforschung, veröffentlicht in Capital, Dez. 2005

[78] Antwort auf eine Anfrage von J. Poß 2006

[79] G. Faul im Neuen Deutschland v. 3. 4. 2005

[80] Presseorgane im Juni 2004

[81] zitiert im Neuen Deutschland v. 18. 9. 2003

[82] Berliner Zeitung, 23. 4. 2004

[83] zitiert in der Berliner Zeitung v. 14. 1. 2007

[84] Kolumne in der Berliner Zeitung v. 24./25.3.2007

[85] in der Nikolaikirche Leipzig am 31. 8. 2006

[86] E. Bahr, a.a.O., S.55

[87] R. Overy, Die Diktatoren, DVA

[88] A. Einstein, Essay in der ersten Ausgabe der „Monthly Review" , 1949

[89] Neues Deutschland, 8./9. 4. 2006, S. 21

[90] K. Kautsky, in Diktatur des Proletariats, 2. Auflage, S. 4, zitiert bei G. Otto „Dritter Weg", herausgegeben von der Liberalsozialen Aktion, S. 1

[91] J. Stiglitz in einem Interview im Neuen Deutschland v. 4. 1.07, S. 3

[92] zitiert im Neuen Deutschland v. 8. 3. 2007

[93] zitiert in der Berliner Zeitung v. 3. 2. 02

[94] US-Wirtschaftsmagazin Forbes, März 2007, zitiert in Berliner Zeitung 10./11. 3. 2007, S.9

[95] F. Hitzer im Neuen Deutschland v. 28./29 1. 2006, S. 21

[96] H. Geißler, zitiert im Neuen Deutschland v. 22./23. 5. 2004

[97] Berliner Zeitung v. 16. 3. 2007

[98] H. Pfeiffer, Neues Deutschland v. 8. 1. 2007

[99] G. Soros, Die Krise des globalen Kapitalismus, Alexander Fest Verlag 1998, S. 19f

[100] W. Huber, Interview mit der Berliner Zeitung, Ausgabe 23. bis 26. 12 2006

[101] F. Hengsbach, zitiert in der Märkischen Allgemeinen v. 12. 10. 2006

[102] Berliner Zeitung v. 26./28. 5. 2007

Personenregister